本书获得泉州师范学院2019年“桐江学术丛书”和博士科研启动经费共同资助

体验经济视角下民宿客感知价值、满意度及其行为意向的作用机理研究

赵益民◎著

A STUDY OF THE RELATIONSHIP AMONG PERCEIVED VALUE, SATISFACTION AND BEHAVIORAL INTENTION OF HOMESTAYS BASED ON THE EXPERIENCE ECONOMY

经济管理出版社
ECONOMY & MANAGEMENT PUBLISHING HOUSE

图书在版编目（CIP）数据

体验经济视角下民宿客感知价值、满意度及其行为意向的作用机理研究 / 赵益民著 .—
北京：经济管理出版社，2020.7
ISBN 978-7-5096-7244-0

Ⅰ.①体… Ⅱ.①赵… Ⅲ.①旅馆—经营管理—研究 Ⅳ.① F719.2

中国版本图书馆 CIP 数据核字（2020）第 117731 号

组稿编辑：丁慧敏
责任编辑：丁慧敏　张广花
责任印刷：黄章平
责任校对：张晓燕

出版发行：经济管理出版社
（北京市海淀区北蜂窝 8 号中雅大厦 A 座 11 层　100038）
网　址：www.E-mp.com.cn
电　话：（010）51915602
印　刷：三河市延风印装有限公司
经　销：新华书店
开　本：710mm × 1000mm / 16
印　张：11.25
字　数：201 千字
版　次：2020 年 7 月第 1 版　2020 年 7 月第 1 次印刷
书　号：ISBN 978-7-5096-7244-0
定　价：59.00 元

前　言

在中国民宿出现“井喷式”发展，后现代主义消费者更加注重网络口碑，现场参与、多元价值观和个人体验，倡导“浸入式”的深层交往，崇尚感性和自由，脱离标准化商品与日常生活的相关性，通过人文精神的服务体验增强满足感，用感官来评价他们使用的产品，通过多方面的体验来实现对精神文化的认知，体验消费成为一种新型的消遣方式。反观前人对民宿的研究局限于经营问题、现状、影响因素；体验经济理论中的4E体验在博物馆、葡萄酒、游轮、博彩业和禅修等行业境内外学者也做了相应研究；基于感知价值的多元性，不同学者在不同行业基于不同研究目的做了相应研究，感知价值对满意度的作用关系以及满意度对行为意向的影响相关研究也很丰富，但关于中国近几年发展迅速的民宿，用体验经济理论中的4E体验，结合感知价值（功能价值、情感价值和社会价值）、满意度和行为意向关系的研究成为一个有必要探讨的问题。

本书的研究目的是通过问题探讨，了解体验经济理论中提到的教育体验、审美体验、娱乐体验和逃避体验4种体验形态在民宿实践中的应用情况，并确定民宿体验消费的维度；厘清4E体验和感知价值的作用机理，明确4E体验对3种感知价值的作用强度；从体验经济理论和行为理论的视角，基于结构方程模型的定量研究方法，研究民宿客体验消费、住宿客感知价值、满意度及其行为意向之间的影响路径及作用关系；了解不同类型的民宿客基于体验的视角对感知价值、满意度和行为意向的差异，为民宿经营者提供差异化服务管理提供决策依据。

本书围绕研究目的，构建了4E体验（教育体验、审美体验、娱乐体验和逃避体验）、感知价值（功能感知价值、情感感知价值和社会感知价值）、满意度和行为意向的概念模型，通过对分布于广东广州，海南，浙江宁波，莫干山，福建厦门，云南丽江和广西阳朔的45家民宿的472位民宿客的问卷调研，应用SPSS20.0和AMOS20.0软件对16个研究假设进行了验证分析。其中11个假设获得支持，个别假设没有通过，具体是：审美体验、逃避体验对民宿客功能感知价值、情感价值和社会价值有正向影响，教育体验对情感价值有显著影响，对功能价值和社会价值影响不显著，娱乐体验对民宿客功能感知价值有负向影响、对情感价值和社会价值影响不显著，功能价值、情感价值和社会价值对满意度影响显著、满意度对行为意向有显著影响。

本书在理论上明确了中国文化背景下的民宿概念和特征；扩充了体验经济理论在住宿业中的应用；进一步拓展了体验经济理论的测量体系。在实践中建议民宿经营者明确民宿定位，突出本民宿特色；增强主客互动，引导民宿客消费；打造本民宿 IP（Intellectual Property），提升民宿客记忆；根据民宿客不同人口特征，细分市场，实现差异化管理，减少民宿客损失，提升民宿客住宿体验满意度。

目 录

1 绪论

本章主要陈述本书形成的背景，提出研究问题，进而论述本书的目的和意义，说明本书的研究对象和研究思路，指出本书的创新点，最后列出本书的研究内容。

1.1 研究背景和问题

1.1.1 选题现实背景

1.1.1.1 以民宿为代表的非标准化酒店异军突起，成为住宿业新的消费热点

据国家旅游局统计中心公布的《2017 年中国旅游业统计公报》显示，2017 年全国纳入星级饭店统计管理系统的星级饭店共计 10645 家，其中 9566 家完成了 2017 年财务状况表的填报，共实现营业收入 2083.93 亿元。同时根据民宿头条调查数据，2017 年末，中国客栈民宿总数达 50200 家，实现营业收入 486.7 亿元。成为非标准化酒店发展速度最快的住宿业。除了数量发展迅猛外，消费者结构也趋于高端、高知、高收入化，其中 68.1% 入住民宿的客人为本科及以上客人，35.7% 的人群月收入为 5000~8000 元，52.5% 的人群年龄分布为 25~39 岁，57.5% 的消费人群为家庭客人，35.7% 的客人来自经济较发达的华东地区。

据国际上规模最大的共享住宿平台 Aribnb 统计，2016 年有 1 亿人次选择入住 Aribn 提供的房源，该平台的投资收益达 255 亿美元。

从上述数据看，民宿已成为国内外住宿业发展速度较快的业态，受到高知、高收入、高消费家庭客人的青睐，而且随着中国经济的发展，旅游市场由大众化向小众旅游转变，由团队游主导向散客游转变，由景点主导型观光游向休闲

度假型转变，由标准化星级酒店住宿向非标准化客栈民宿转变，旅游消费分层明显，差异化、休闲产品成为市场主流。

1.1.1.2 后现代主义时代下旅游者消费行为变化显著

“后现代主义”一词是由德·奥尼斯于1934年提出，是20世纪60年代在西方发达国家流行的一种哲学思维方式。Shusterman（1991）认为，无论从美学观点还是从意识形态角度来看，后现代主义表现了跟现代主义文明彻底决裂的结果。后现代主义以肯定多样性、非中心性、碎片化、不确定性和移动性为特征，旨在反思、批判和超越现代性（Susen，2015）。其本质是社会经济发展到一定阶段的产物，对应着当今消费型社会的一种新型思维方式。后现代旅游被认为是一种区别于客人/主人、非家庭/家庭或假期/日常生活重要的标志，而且成为一种趋势（Jansson，2018）。而且这种差异是由游客的个人主义驱动的，并以一种碎片化的方式转变为旅游者的个体体验，后现代旅游者往往会脱离传统的旅游模式（Andajani，2018），更注重网络口碑，更加灵活和个性化的体验（Mowforth和Munt，2016）。后现代旅游者倡导“浸入式”的深层交往，崇尚感性和自由，注重凸显个性化和自主意识，主张人与人之间的互助与关爱，实现不同文化间的碰撞与融合（杨阿莉，2014）。后现代旅游者消费更注重自我突破，看重每次出游的个性化感受，脱离标准化商品与日常生活的相关性，其行为充满了向传统回归。林德荣（2014）把这种行为称为“致敬传统的后现代主义旅游”。齐飞（2014）认为，后现代主义的消费方式从快餐式消费过渡到兼具主动性、情感化和生态化的休闲娱乐旅游，服务导向性增强，通过人文精神的服务体验增强满足感，更加重视文化体验的异质性。

郑健雄（2014）归纳出后现代旅游者的产品喜好是回归自然、地产地消的食材；风格独特、名家设计、善用地方元素的住宿；怀旧复古、精心挑选的家具；老师傅、妈妈味道的食品；绿色低碳、节能减排的消费理念；强调体验和人情味的接待等方面。后现代旅游者消费的产品多为概念性消费商品，如信仰消费、体验消费、符号消费、象征消费。消费者对体验需求更加渴望，这种真实的旅游可以全面激发游客的所有感官，激发他们在惯常环境中体会不到的刺激，并将这种独特的体验作为旅游的重要部分。场景消费成为后现代消费者的重要选择，消费品只是存在于顾客兴趣和感觉中的生活场面的一个组成部分，是生成具有某种意义的场景所需信息的要素之一。除了消费品所提供的实际功能及所能提供的生活方式外，顾客主要是为所购物品作为信息所具有的价值而消费。马斯洛需求层次论中受尊重需要和自我实现需要表明顾客在消费过程中心理存在一种希望能够表现自我并被其他人欣赏，消费者试图通过自我展示来向他人表现在某一方面的差异，如身份、阶层、社会地位等，同时也通过展示进一步认证自身的价值。这种新的生活观念与方式为场景消费，后现代游客用感官来评价他们使用的产品，通过多方面的体验来实现对精神文化的认知（包括审美、娱乐），同时，后现代主义者非常注重现场参与、多元价值观和个人体验（Susen，2015）。民宿服务的无形性、不可转移性、生产和消费同时性等产品特征与后现代消费者这种体验中的场景消费完全吻合，是一个值得探讨的话题。

1.1.1.3　服务主导的口碑营销在住宿业经营中价值日益凸显

Vargo 和 Lusch（2004）认为在服务主导逻辑下所有的产品和实物商品都是服务的附属品，所有的实物商品衍生出的价值都是借助服务实现的。服务成为有型产品和顾客建立关系的重要介质和有型产品共同为顾客创造价值的产品。住宿业就是典型的服务业，服务质量是住宿业可持续发展的重要因素，而顾客对服务质量的评价又是衡量服务质量优劣的显著指标（Hirmukhe，2013）。随着社交媒体（Facebook、Witeer 微博、微信、大众点评等）的出现，旅行者评论对在线销售产生重大影响，旅行者评论评分提高 10%，相应的在线预订量就会增加 5%（Ye，Gu 和 Chen，2011）。社交媒体是口碑的重要载体，据猫途鹰（2018）统计，其拥有超过 5 亿条来自真实旅行者的旅游点评和建议，一天新增 31197 条（2018 年 9 月 8 日 16 时数据），而且每时每刻都有游客更新，这些内容包括游客在哪里，做过哪些事情，说过什么话和旅行日期的最佳优惠。Minazzi 和 Lagrosen（2013）认为，近 70% 的游客会咨询其他客户，以便做出决定。社交媒体成为住宿业推广品牌的有用工具，它是接触客户和培育客户关系的新方法，完全颠覆了企业和顾客的权力关系（Kotler 和 Armstrong，2015）。消费者做出消费决策时更注重身边亲朋好友对产品的评价，来消除购买带来的不确定性风险。

1.1.1.4　体验式消费成为顾客消费的新趋势

体验式消费是指一定社会经济条件下，在特定的消费场景中，消费者为了满足某种新奇、刺激或难忘等欲望，以沉浸方式感受某种特定产品给其带来的体力、智力、情趣和精神上的愉悦所进行的一种消费方式。体验消费主体、体验消费客体和消费场景是消费体验的三要素，亲历性、娱乐性、刺激性、互动性和价值共创性是消费体验的 5 个基本特征，该消费过程贯穿于消费前、消费中和消费后整个过程。它不纯粹是买东西，而是一种新型的消遣方式（Pine 和 Gilmore，1999）。《中国大消费风口研究报告》指出，一是中国消费者可自由支配收入大幅增长，消费理念和消费方式转变，消费者更注重购物、消费过程中的环境、心情和感受；二是竞争加剧，产品是否畅销在于经营，在于能否吸引并留住客户，能否给顾客提供难忘、愉悦和有别于竞争者的消费体验，提升顾客的满意度。这两个方面决定了体验式消费成为中国消费者未来重要的消费方式，特别指出，到 2030 年中国旅游、休闲和餐饮服务等体验式消费将增加到 8 万亿美元，具有巨大的市场。体验式消费正在影响各个部门，住宿业、餐饮业和零售业首当其冲，这些行业将更加重视消费者体验，作为提高销售额和利润率的工具来应对这一趋势（Caroline 和 Sarah，2017）。

民宿在中国住宿市场的突飞猛进，后现代消费者倡导的以体验为主的场景消费日益成为这一群体的主要生活方式，以社交媒体为载体的口碑营销成为产品营销的重要方式，在此背景下，具有后现代消费特征的民宿客对民宿经营者提供的体验产品感知价值如何，体验后民宿客是否满意，会不会依托社交媒体发布该民宿的正面或负面信息进行口碑宣传成为本书的研究焦点。

1.1.2 选题理论背景

1.1.2.1 体验经济理论为顾客体验式消费指明了方向

营销的竞争激烈，使诸多产品和服务已经商品化，传统的专注于产品功能、属性和质量的营销方法完全不能适应时代，体验因素在决定公司产品成功的过程中发挥着越来越重要的作用（Gentile、Spiller 和 Noci，2007）。消费者正在寻找刺激他们感官、能参与互动的、触动心灵和激发思想的体验产品（Schmitt，1999），更注重整体、持久的个人体验（Hosany 和 Witham，2010）。

Pine 和 Gilmore（1999）在《体验经济》一书中指出，“产品和服务无法继续支撑经济繁荣，必须把体验营造作为一种全新的经济形式去努力实现”。体验经济有别于农业经济、工业经济和服务经济，体验经济的经济职能是营造，需求要素是顾客感知，供应方式是个性化、可回忆。其理论核心是“4E”，即体验的娱乐性（Entertainment）、教育性（Education）、审美性（Esthetic）和逃避性（Escapist）。并把体验的四种属性分为两个维度：一个维度根据宾客参与程度将体验的四种属性分为主动参与和被动参与体验，主动参与指宾客可以对体验活动施加个人影响，教育性体验和逃避性属此类；被动参与指宾客无法直接对体验活动产生影响，娱乐性体验和审美性体验属此类。另一个维度按照参与者和背景环境的关联关系将体验的四种维度分为吸引式和沉浸式体验，吸引式指体验活动远距离吸引顾客的注意力，娱乐性体验和教育性体验属此类；沉浸式指顾客全身心投入体验活动，成为其一部分，审美式体验和逃避式体验属此类。四个坐标象限组成的不同体验范围形成了独特的个人经历。每个顾客都有权以其愿意支付的价格得到他们真正想要的东西。

1.1.2.2 认知—情感—行为态度理论为体验式消费构建了基本架构

Wilkie（1973）认为，人的所有行为是精神的、情感的和物理维度的结合。在这一理论发展早期，学者仅用态度分析人类行为。后来 Bagozzi（1982）指出态度由认知（感知 / 信念）、情感（感受）和意识（行为意图）三部分组成，认知是关于客体的特定属性或整体的信念，情感是关于客体的特定属性或整体的情感或感觉，意识是关于客体的特定属性或整体的行为意向，这种视角便形成了态度三成分理论模型，即认知—情感—行为态度理论，三个组成成分总体上具有高度内部一致性。

三者的关系通常被认为是顾客对事物的认知会影响和形成对事物的情感，然后情感会影响顾客的行为意图，情感表现为认知和行为意图之间的中介作用，认知只能通过情感间接地影响行为。

根据该理论民宿客的感知价值属于“认知”范畴，满意度属于“情感”范畴，口碑属于“行为意向”范畴，三者之间相互作用，相互影响。

本书在民宿快速发展和体验式消费成为后现代消费者重要消费方式的现实背景下，依据体验经济理论和认知—情感—行为态度理论建构研究框架。

1.1.3 研究问题

在体验经济的大背景下，具有后现代消费理念的游客越来越喜欢入住距离城市远、交通相对不够方便、民宿住宿设施不如星级酒店且安全性较弱的民宿。顾客为何选择民宿作为外出旅游的住宿点？在民宿中的体验是否如愿？体验后民宿客会有何种行为？基于这些疑问，提出本书研究的问题：

问题一：体验经济理论特别是其包含的教育体验、娱乐体验、审美体验和逃避体验四种体验内容在民宿客体验式消费过程中发挥何种作用?

问题二：民宿客对四种体验内容是怎么感知的，具体包含哪些要素?四种体验内容的感知价值是否有不同?

问题三：民宿客的感知价值对满意度由何种因素影响?这种影响因素的具体内容是什么?每个内容对民宿客满意度的影响程度是否有差异?

问题四：在社交媒体（社交网站、微博、微信、博客、论坛、播客、Facebook、Instagram 等）发达的今天，民宿客以社交媒体为载体对所住民宿形成的感知和情感会采取何种行为?

问题五：民宿客的 4E 体验、感知价值、满意度和行为意向的整体作用机理是怎样的?

问题六：不同人口统计特征的住宿客在 4E 体验、感知价值、满意度及其行为意向上有无差异?哪些类型的民宿客差异较大?

深入分析不同民宿客在 4E 体验、感知价值、满意度及其行为意向上的差异能够帮助民宿经营者进一步明确经营管理的方向。本书将在问题二、问题三和问题四的基础上，进一步分析民宿体验消费、感知价值、满意度及其行为意向在不同民宿客上的分布特征，为民宿主人有针对性的服务和管理提供决策依据。

1.2 研究目的和意义

1.2.1 研究目的

基于上述背景研究与本书研究问题，本书的研究目的如下：

（1）以中国民宿发展六个代表性省份（浙江、海南、云南、福建、广西和广东）的民宿客为研究对象，通过对民宿客实地访谈调研，问卷抽样调查，了解体验经济理论中论述的教育体验、娱乐体验、审美体验和逃避体验四种体验形态在实践中的应用情况，并确定民宿体验式消费的维度。

（2）厘清体验经济理论中的教育体验、审美体验、娱乐体验和逃避体验和民宿客功能感知价值、情感感知价值和社会感知价值的作用机理，明确 4E 体验分别对三种感知价值的解释力。

（3）从体验经济理论和行为理论的视角，基于结构方程模型的定量研究方法，研究民宿客 4E 体验、住宿客感知价值、满意度及其行为意向之间的影响路径及作用关系。

（4）了解不同类型的民宿客基于体验的视角对感知价值、满意度和行为意向的差异，为民宿经营者后续服务经营提供差异化服务管理提供决策依据。

1.2.2 研究意义

1.2.2.1 理论意义

（1）本书把体验经济理论引入民宿问题的探讨之中，扩充了体验经济理论在住宿业，特别是中国民宿中的应用范围，进一步丰富了这一理论。

（2）通过对现有文献中顾客体验的实证研究梳理，构建了适合民宿客 4E 体验—感知价值—满意度—行为意向的结构模型，进一步拓展了这一体验经济理论的测量体系。

（3）学界对民宿客 4E 体验、感知价值、满意度对行为意向影响的研究，特别是在社会媒体发达的今天，民宿客以社交媒体为载体形成的口碑研究还不多，本书构建了民宿客 4E 体验、感知价值、满意度和住宿客行为意向间的结构模型，进一步推进了它们之间的关系研究。

1.2.2.2 实践意义

有助于民宿主人为住宿客创造良好的体验感知，以增强住宿客的正向行为意向。服务产品的体验性，决定了民宿客体验质量高低对民宿经营成功与否至关重要。高质量的民宿体验一方面能够提升住宿客的感知价值，充分满足住宿客的需求；另一方面能够增强住宿客的正向行为意向。民宿体验管理关键是体验质量控制，体现在对住宿客参与服务生产、服务消费和售后维护整个过程中的各个关键体验节点的价值提升，以及民宿主人对民宿客情感的投入程度，民宿客在住宿过程中体会到的民宿主人的温情和“蜜罐”。本书有助于民宿主人洞察服务过程中的住宿客体验质量、情感和民宿客的身份、地位和阶层，有效设计和营造良好的顾客体验环境，从而提高民宿客的正向行为意愿，实现民宿经营的可持续发展。

1.3 研究对象与技术路线

1.3.1 研究对象

本书旨在研究中国的民宿客4E体验、感知价值、满意度及其行为意向的关系，研究对象可以从以下两个层面来讲。

就区域空间角度而言，根据《2017年中国旅游业统计公报》统计，民宿主要集中在浙江（5669家）、海南（2820家）、云南（6466家）、福建（2767家）、广东（2009家）、广西（1778家），占全国民宿总量的42.85%，故以上述6省民宿为研究对象，由于研究经费、时间和研究者精力有限，根据国家旅游局2017年10月1日正式实施的《旅游民宿基本要求与评价》第三条第3款中民宿主人自营并参与接待，以及第七条第3款规定的单幢民宿客房数不超过14间的规定，本书根据中国专门以经营民宿而著名的小猪短租网络平台上综合评价超过4.5分的符合上述规定的民宿为研究着眼点，分别选取云南的阿诺康巴、松赞林卡、听花堂、玉庐雪嵩院、呼吸、花间堂；浙江莫干山的芝麻谷、云溪上、三秋美舍、莫上隐、课间、莫干山居图和宁波的龙观禅娜、慈舍、心宿；海南的骑楼还客1921、海上花、鹿饮溪、海的故事、森林客栈；广东广州的慕吉、云溪山居、云所、菁木山舍、归觅、喜临院；福建厦门鼓浪屿的迷途、迷屿、海角8号、1930咖啡馆、悠庭小别墅、美日阳光、娜娜、四角楼、爱屿、雅歌琴海庄园、简单生活、李家庄、画之廊、听涛小筑；广西阳朔的隐亨、喜岳、墨兰山舍、糖舍、竹窗溪语等6个省份的共45家民宿。

就人的主体角度而言，在浙江、海南、福建、广东、广西和云南6省份范围内对住在上述民宿中的约530位住宿客进行简单访谈和问卷调查，重点了解其住宿期间该民宿的教育、娱乐、审美和逃避的体验内容，以及在此基础上形成的住宿客的功能感知价值、社会感知价值、情感感知价值对住宿客满意度和行为意向的影响程度，以及有了这种体验后会采取何种行为。

1.3.2 技术路线

在上述研究思路和研究方法的基础上，设计出本书具体的技术路线，如图 1-1 所示。

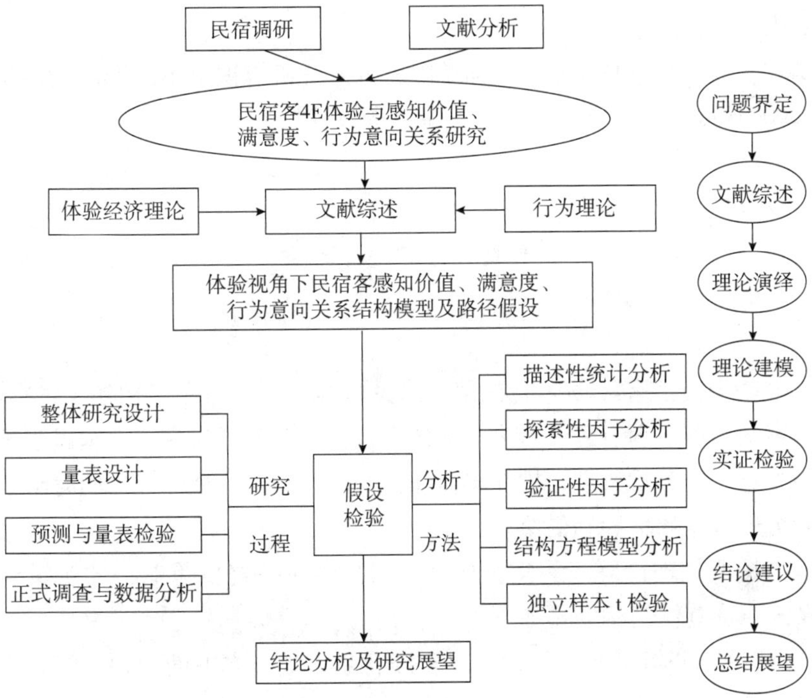

图 1-1 技术路线

1.4 本书创新点

本书从体验经济的视角探讨了民宿客感知价值、满意度及其行为意向的作用机理，丰富了体验经济理论，对民宿后期研究起到了积极推进作用，主要创新点体现在：

第一，严格鉴定了本书的研究对象是中国情境下的民宿客，而非国际上学术界所说的共享经济形态下 B & B 中的旅游客人；并把体验经济理论的四种体验形态应用到中国情境下民宿客研究当中。

第二，在体验经济理论的指导下，构建了“民宿客 4E 体验—感知价值—满意度—行为意向”模型，并通过运用来自住宿客的现场调查数据，验证了该模型的可靠性和有效性，也发现了民宿客 4E 体验各个维度对住宿客功能感知价值、情感感知价值和社会感知价值各层面作用存在差异性，民宿感知价值各维度对满意度作用强度不同。

第三，通过独立样本 t 检验和单因素方差分析辨识出不同人口统计变量对民宿客 4E 体验、住宿客感知价值、满意度及其行为意向的影响差异。

1.5 研究内容

本书基于民宿客在场体验视角，以民宿客为研究对象，构建了民宿客 4E 体验—感知价值—满意度—行为意向的理论框架，实证研究了中国民宿客体验对其行为意向的影响机理，旨在丰富体验经济的理论研究体系，同时给中国民宿经营提供有益的指导和借鉴。

本书按照“理论陈述—实证研究—得出结论—提供策略”的逻辑顺序展开，共 5 章，具体结构安排如下：

1 绪论。分析了本书的理论和实践背景，提出本书的问题，阐述了本书的目的、理论和实践意义，介绍了研究对象和思路，说明了本书的创新点，列出了本书的内容。

2 文献述评和研究假设。对相关理论进行了梳理，主要包括体验经济理论、态度行为理论。系统回顾了民宿、体验、感知价值、满意度和行为意向的相关研究，并对现有研究文献进行了评述，指出本书研究主题的切入点。基于研究目的和相关文献构建了本书的概念模型，提出相关假设。

3 研究方法与设计。在概念模型和相关假设的基础上明确了民宿客体验（教育体验、审美体验、娱乐体验和逃避体验）、民宿客感知价值（功能价值、情感价值和社会价值）、满意度和行为意向的可操作性定义和测量题项。说明了本书所采用的定性与定量相结合的方法，着重介绍了访谈法、调查问卷法和统计分析方法等相关内容和在研究过程中的具体应用。在概念模型和理论假设构建的基础上，通过对住宿客、专家人士的访谈，修订了确定的量表变量，形成初始问卷，并进行预调研，对量表的信度和效度进行了检验，进一步完善修订了问卷，形成正式问卷，最后明确调研对象、发放时间、地点及样本数量，进行问卷发放，数据收集。

4 实证分析。首先对正式发放问卷收集的数据进行信度、效度检验，对数据样本分析，确认该样本数据符合结构方程模型分析的要求；然后使用SPSS20.0 和 AMOS20.0 等软件对理论模型进行实证分析，来验证本书提出的相关假设。

5 结论分析与研究展望。对模型验证的结果予以总结和讨论，并对研究结论进行了归纳，分析了研究结论给民宿经营管理实践带来的启示，指出了本书的局限性和下一步的研究方向。

1.6 本章小结

本章首先根据民宿发展的现实背景、体验式消费、后现代消费者消费行为的转变和社会媒体发展的口碑重要性的大背景，提出 6 个研究问题：

（1）体验经济理论特别是其包含的教育体验、娱乐体验、审美体验和逃避体验四种体验内容在民宿客体验式消费过程发挥何种作用？

（2）民宿客对四种体验内容是怎么感知的，具体包含哪些要素？四种体验内容对各个感知价值是否不同？

（3）民宿客的感知价值对满意度有何种因素影响？这种影响因素的具体内容是什么？每个内容对民宿客满意度的影响程度是否有差异？

（4）在社交媒体（社交网站、微博、微信、博客、论坛、播客、Facebook、Instagram 等）发达的今天，民宿客以社交媒体为载体对所住民宿形成的感知和情感会采取何种行为？

（5）民宿客的 4E 体验、感知价值、满意度和行为意向的整体作用机理是怎样的？

（6）不同人口统计特征的住宿客对 4E 体验、感知价值、满意度及其行为意向上有无差异？哪些类型的民宿客差异较大？围绕这 6 个问题，明确了本书的研究目的和研究的理论意义及现实意义，陈述了本书的研究对象、技术路线、创新点和研究的具体内容。

2 文献述评和研究假设

本书是在体验经济视角下就民宿客感知价值、满意度及其行为意向的作用机理进行实证研究。为了深入了解与之相关的研究问题，对国内外的有关文献进行了系统回顾与梳理，主要包括：民宿研究的相关文献、体验及体验经济理论、感知价值、满意度和行为意向的相关文献。通过对与本书相关的各个主题的国内外文献探讨和评述，为本书的设计和模型构建指明了方向。

2.1 民宿的相关研究

民宿是在游客激增、标准化酒店不能完全满足旅游市场需求的背景下产生的一种以地域特征、人文风俗、历史典故、主人特色、建筑风格或主题餐饮为诉求的一种新型非标准化住宿设施。自诞生之日起，作为一种新业态就受到学者的关注，分别从民宿的内涵和分类、民宿的产业发展和趋势、民宿的经营管理、民宿经营者构成及动机、民宿客行为等角度进行了研究。

2.1.1 民宿的内涵与分类

2.1.1.1 民宿的内涵

兴起于欧美，完善于日本，发展于中国台湾地区的民宿由于发展背景、经营方式、在地文化和立法管理等方面的不同，在不同的国家和地区有不同的名称。在英国民宿被称为 B & B（Bed 和 Breakfast），在其他欧洲国家和美国，民宿被称为 Family Inn、Family Hotel、House Hotel、Home Stay、Guest House 等，在日本民宿被称为 Minshuku，在中国台湾地区被称为 Home Stay，叫法不同，各管理机构和专家学者给出的民宿的定义也不同，具体如表 2-1 所示。

表 2-1 民宿内涵

出处	内涵	国家或地区
Jackie Clarke	是能够体验旅游环境的住宿产品	英国
Dallen J Timothy	建在乡村环境中的为游客提供住宿与餐饮服务的旅舍，旅游者通过入住民宿，可了解当地居民的日常生活与当地文化	美国
《民宿管理办法》	指利用自用住宅空闲房间，结合当地人文、自然景观、生态、环境资源及农林渔牧生产活动，以家庭副业方式经营，提供旅客乡野生活之住宿处所	中国台湾
《全国民宿》	Minshuku，由本地居民一家族经营的方式开办的住宿设施，规模小，用于接待观光、休闲客人，客房风格为和式	日本
《汽车旅馆管理办法》	一般成为家庭旅馆（Home Stay）或青年旅舍（Hostel），居家式住宿，不经过刻意布置，价格低廉的住宿设施	美国
《旅游住宿经营法规》	只提供简单的早餐的住宿（Bed and Breakfast）	英国
《旅馆联盟手册》	假日农庄（Vacation Farm），提供一般的住宿，可以体验农庄劳作	加拿大
魏小安	非标准住宿，自成一体，借民间闲置设施，利用民间资金建设，为民众的新兴需求服务（在民）；利用乡村环境，追求乡村意境、超越传统乡村，提供新型生活方式（在乡）；多元化功能，深层次体验，根本在差异化（非全宿）；城市的延伸，规模小、服务细、设施舒服，环境宜人、生活留人、情感动人、口碑留人，有好场景的乡村的家	中国
张晓军	民宿是经营规模较小；针对市场小（个性）；与主人有一定的交流互动且具有一种共同情怀；也是地域文化的载体	中国
德村志成	“让客人回到温馨的家”，发挥特性、展现个性、体现温性，这是民宿的三大特性。民宿最大的特点是有人文和感受，有主人的温情，民宿主人应和游客交流、交心	日本
Phlillipe Krisanow	没有污染和干扰的环境，有匹配的交通，有友好的气氛感觉，有家和分享的感觉	法国
陈国忠	民宿的灵魂在文化、功能在生活，是打造一个留住乡愁的空间、再现一座寄托乡情的家园	中国
《乡村民宿服务质量等级划分与评定》	经营者利用乡村房屋，结合当地人文、自然景观、生态环境及乡村资源加以设计改造，倡导低碳环保、地产地销、绿色消费、乡土特色，并以旅游经营的方式，提供乡村住宿、餐饮及乡村体验的场所	中国德清

续表

出处	内涵	国家或地区
《中国民宿客栈经营服务规范》	客栈民宿指以通过合法方式取得的自有或租赁的居所为基础，依托各地民俗与建筑，以自然景观、人文资源、生态资源为特色，提供主人化服务的、多元化体验的住宿设施	中国

资料来源：笔者整理。

由此来看，欧美民宿的定义注重空间划分，而中国大陆、中国台湾地区及日本更注重家庭的、温馨的和亲和的心理层面的感受；民宿经营多数与产业结合，分别提供住宿、饮食、景观讲解、在地文化欣赏和自然体验等项目，这种住宿有别于标准化酒店。其特点是：①规模小，有特色；②依托当地资源，而非无中生有；③主人设计的产品，需住宿客通过体验才能了解和认识所处环境和特色文化；④主人自己经营，非连锁经营。

综合以上管理机构和学者的观点，本书认为民宿是具有一定特长（或资源）和情怀的主人利用自有闲置房产或长期租用他人房产，营造的环境清幽、可达性强、有较强在地文化，为客人能够提供小规模、绿色、健康、有特色的住宿场所。由此看出一家真正意义上的民宿，主人是民宿的主体，在地文化是民宿的核心，主客互动是民宿客感知价值实现的重要方式，家的氛围是民宿的灵魂。与酒店最大的不同在于，民宿具有来自“主人文化”的地方特色体验，住宿空间高度个性化，小巧美观（见表 2–2）。

表 2–2　民宿与其他住宿业比较

名称	业务模式	使用空间	规模	设施	服务人员	提供服务	标准化
星级酒店	专业	清晰的功能分区	大	高档且标准化	专业良好培训	多样服务	国际化
公寓式住宿	副业	模糊化的分区和共享	小	非标准	租赁主人	有限服务	无
民宿	副业	模糊化的分区和共享	小	与主人水准匹配	主人	保姆式服务	无

2.1.1.2　民宿的分类

由于民宿所依托资源和民宿主人对资源的驾驭能力不同，依据共同性与差异性原则和科学性与逐级划分原则，以及民宿的主体功能定位原则，可以把民宿划分为以下类型，如表 2-3 所示。

表 2-3 民宿分类

分类依据	类型	主要元素	分类者
建筑风格	江南民居、华北民居、西南民居、闽粤民居、徽派建筑	粉墙黛瓦、四合院、窑洞、吊脚楼、客家土楼、红砖黄瓦、骑楼	郑诗华（1998）
	和式、欧式	哥特式、骑士、和式	郑诗华（1998）
依托资源	温泉民宿、滨海民宿、农园民宿、运动民宿、林海民宿	山水、江河湖泊、花海树林	吴佩璇（2008） 龙莜瑛（2006）
	原住民部落民宿、特色文化民宿	在地民风习俗、非物质文化遗产	郑诗华（1998） 郑健雄（2001）
体验功能	农园体验、料理民宿、养生民宿	农产品、食材和器皿	郑诗华（1998） 郑健雄（2001）

不管依据何种分类标准，民宿的外观或依托的资源所建造的建筑只是民宿的体，民宿的经营者是活化民宿体的灵魂，民宿客又是民宿体和灵魂的重要见证者和感知者，一家民宿经营成功与否的关键是看民宿客是否满意。

2.1.2 民宿发展的现状、问题及影响因素研究

国内外都把民宿看作区别于标准化酒店的个性化住宿产品。对民宿的产业研究集中在民宿发展现状和各地民宿存在问题以及影响因素的探讨上。

Dawson（1988）通过对美国纽约州的民宿现状调查，发现该地区民宿旅游产品具有多样性；Lanier（1993）对当前民宿旅游业的发展进行分析，认为民宿面临的威胁是城市规划的分区、当地政府的法律制度及民宿中的餐饮；Nuntsu（2004）通过电话调查了南非水牛县 36 个民宿经营者的发展现状，分析了发展的制约因素如犯罪、缺乏市场细分、诚信缺失、有限的政府资金支持和技术创新，提出进一步发展需注重口碑营销和网络营销；Yadav（2013）通过对民宿受益群体可接受的公共价值融资负担进行了评估，发现捕捉受惠群体从公共价值中获得的静态价值，确定最佳的付款计划，会解决与环境外部性有关的市场失灵问题；俞利芳（2010）分析了湖州民宿发展过程中的环境污染、

创新能力差、服务意识缺乏、非政府组织介入不够等问题；周琼（2014）分析了中国台湾地区民宿全台发展，以农业地区最为突出，管理规范、民宿主题多元化，营销方式多样、整合民宿业主形成联盟等中国台湾地区民宿发展现状，对中国发展民宿提出建议；郑雪霏（2015）介绍了广州增城万家民宿开发过程中政府主导、分散管理、品牌发展的现状；罗安琪等（2014）对恩施市庠口村进行实地调研，分析当地发展民宿的现状，通过访谈和问卷的方式，运用 IPA 分析方法对当地 6 家民宿的服务质量要素进行了重视度和满意度分析，并提出该地发展民宿的建议；潘颖颖（2013）通过调研发现了浙江省嘉善西塘地区民宿标准模糊、特色经营不突出、日常管理与投诉处理不完善等现状；邓念梅等（2014）基于鄂西南民族地区民宿发展的现状，对面临的风险提出延长产业链、提升民宿服务质量、加强品牌建设等策略；许宸（2016）通过对黄山市民宿调研，发现民宿在经营、市场规范、品牌建设、精品民宿定位等方面存在问题，提出应加大财政资金投入，行业性协会或合作社介入管理，明确品牌目标和民宿发展布局，加强价格监管等。

学者将影响民宿发展的因素归纳为交通、游客来源、地理咨询系统的应用、口碑营销的缺失、经营者的经营动机、民宿经营政策与法律、民宿经营者的领导力和人格特质等（黄馨慧，2008；陈瑞龙和荣雄生，2015；邹明城、韩慧林和邱景星，2010；杨燕枝，2014；许秉翔，2009；吴庆烜等，2008；王荣贵等，2010）。

2.1.3 民宿经营管理研究

Stringer（1981）通过对澳大利亚到英国的民宿客进行调研，总结了英国民宿经营的成功经验；Fleischer（1997）调研并对比了以色列、欧洲及北美民宿市场，发现以色列的民宿经营者大多数规模小、价格相对低、经营民宿的目的是能兼顾农场工作，目标顾客是那些受教育程度较高、收入高于全国平均水平的年轻人；Getz 和 Petersen（2005）通过对加拿大和丹麦两个区域的调查发现，该地区旅游业经营者数量不断增加的原因在于民宿和手工商业的收益不断增加，刺激投资者在这方面投入资金；Wu 和 Lu（2012）通过对中国台湾地区的酒店和民宿问卷调查，探讨了顾客关系管理（CRM）的实施及其对关系营销（RM）和企业绩效的影响，研究表明 CRM 对 RM 效应有显著的正向影响，对酒店和企业绩效都有显著的正向影响，为了实现更高的绩效，不同类型的企业应根据各自优势采取不同的 CRM 战略；Evans（1992）根据对英国 200 多家农场企业的调查，发现与其合作营销的民宿有媒体营销合作，有助于彼此发展；Vallen 和 Rande（1997）对亚利桑那州 79 个民宿的定量分析研究，发现亚利桑那州民宿的房间数量尽管低于全国的平均水平，但通过网络营销，该地区的入住率和房价均高于全国水平；Lubetkin（1999）通过对民宿客和经营者对营销方式的偏好比较发现，二者间有差异，但在口碑营销、移动互联网、旅游手册使用上二者存在一致性；Jeong（2004）通过美国中西部地区的民宿客户调查发现，民宿网站提供信息对民宿客的满意度很重要，是民宿客再次使用该网站的重要因素之一，这对民宿网站运营商较为重要；廖惠兰（2006）以阳朔民宿为研究对象，构建了阳朔的 SIRF 营销方式，即主题生活方式、模糊产品、资源共享和家庭氛围四种营销方式；张竞予（2008）通过对国内民宿的分析，提出民宿应注重品牌个性的前期设计、以顾客为中心的博客经营和强化购后的民宿品牌维护营销对策，提升民宿的经营效率；王显成（2009）通过研究发现，民宿是我国乡村振兴的重要载体之一，但存在规划粗制滥造、乡村地景风貌破坏，缺乏乡村气息，少前瞻性、整体性、地域性规划，所有权属复杂，发展后劲不足，经营者素质低，服务、市场意识有待提高等问题；李明龙（2008）借助波特的五力模型，分析了我国民宿的行业发展状况和竞争态势，提出差异化和联盟战略；彭青和曾国军（2010）对丽江的民宿成长之路和影响因素进行了实证分析，指出其发展的四种发展路径；Chen 和 Chun（2013）根据市场民宿消费者动机，对中国台湾地区的民宿市场进行细分，发现中国台湾地区大多数民宿客都是回头客，而且是受过良好教育的中等收入家庭，与网站和旅行指南相比，口碑是民宿住宿选择最有效的广告管道。Kuo、Tseng 和 Chen（2018）与 30 位住客面对面访谈，发现了个人价值观、感恩、幸福感、对社区的奉献、家庭认同、提供以家庭为导向和有趣的环境、主题住客体验和生态旅游八个因素决定中国台湾地区民宿经营成败。

关于民宿经营管理问题的研究，国内外学者都是从现象学角度提出现阶段民宿在规划、产品、服务、营销等方面面临的问题，依据现代科学管理理念提出相应的管理方法，都没有指出民宿的核心是在地文化，民宿客对民宿的体验及其感知价值是民宿经营的成功与否的关键因素。因此，差异化、特色化经营是民宿的成功之道。

2.1.4 民宿经营业主研究

Lynch（1998）通过对英国187位女性民宿业主问卷调查后的实证分析，认为女性创业导向、生命周期和劳动力市场都是女性创业的关键动机；Ingram（1996）研究发现，英国的民宿业主既是民宿所有者又是经营者；Getz和Carlsen（2000）通过对西澳大利亚有以下特征的企业进行调查：乡村旅游和接待业的中年夫妇，新企业，有强烈的生活和工作在农村的动机，由家族和业主经营，发现大多数受访者来经营民宿都与其生活方式和与家庭相关，而且大多数被调查者对他们的业务最终处理不确定，只有约1/3有明确的继任计划，涉及儿童或其他家庭成员；Hsieh和Lin（2010）通过对比中国台湾地区和美国的民宿经营文化发现，集体主义理念下的中国台湾地区民宿主比个人主义理念下的美国民宿主更能平衡工作和生活中的压力。王荣贵等（2010）发现民宿经营者的人格特质和领导能力是民宿经营绩效的重要营销因素。张暐舜（2014）以民宿女主人为主体，研究发现农村妇女的民宿经营松动了视母职或家庭为纯然限制女性的观点，应重新思考农村妇女赋权的意义与形式。林怡君（2007）以公务退休人员经营的民宿为研究对象，认为经营民宿提供了退休公职人员的生活质量，不同类型的退休人员经营的适应程度有差异。

2.1.5 民宿住宿客行为研究

Stringer（1981）对澳大利亚游客选择英国民宿的原因进行了访谈，发现游客的偏好、对旅游目的地的熟悉程度、民宿的位置、规模和地域文化是影响民宿经营和游客的感知及选择的因素；Wight（1997）通过调查对生态旅游感兴趣的消费者和有生态旅游体验经历的旅游者，发现他们认为与酒店相比，民宿环境更可能给旅游者带来亲密的环境感知；Jones和Chang（2011）通过调查到大陆旅游的中国香港地区民宿客，发现受过中高等教育、收入中等水平的女性是中国民宿的主要客源；Gunasekaran和Anandkumar（2012）以印度沿海遗产城市为研究对象，发现民宿的家庭氛围、物有所值、游客与当地人的接触、宾主关系是影响游客选择民宿的重要因素；黄杰龙等（2015）应用问卷调研法对厦门民宿景观对游客感知和行为的影响进行了研究；高伟雯等（2015）从顾客感知的角度对厦门曾厝垵民宿的安全现状进行了分析。

2.1.6 民宿研究方法

境内外学者对民宿研究的视角不同，所采用的方法也有所区别。Johnson 和 Neuhofer（2017）在研究牙买加民宿的价值共创时采用质性研究的网络文本进行分析；Poon 和 Huang（2017）研究民宿客过去的经验、游客个性和旅游资料等因素对民宿客行为意向影响时采用定量的差额样本研究法；陈玫君（2011）运用联合分析法构建中国台湾地区绿色民宿的特性；苏雅琪（2016）用层级分析法（AHP）探讨了中国台湾地区台东民宿构成要素对住宿客行为意愿的影响大小；阮佩宜（2013）以中国台湾地区民宿用配对调查的方法构建了创业精神对服务创新、顾客感知、顾客满意和行为意向的模型，通过 LISREL 8.7 统计软件进行分析。Guttentag、Smith 和 Havitz（2018）采用事后群分析法对从网络媒体上收集到的入住过 AirB 和 B 的顾客样本研究入住 AirB 和 B 的动机。Chen（2015）用定量研究法探讨了中国台湾地区民宿氛围、客户体验、客户价值和客户自愿之间的关系。Kuo、Tseng 和 Chen（2018）采用扎根理论对中国台湾地区 B 和 B 供应过剩与同质化的问题以及退出与创新解决之道进行了探讨。

2.1.7 民宿研究的相关文献评析

境内外学者对民宿的产业现状、可持续发展、经营管理的科学性和经营者基本特征及从民宿客感知的角度对其行为趋向进行了相应研究。也采用文本分析法、结构模型、层次分析法、事后群分析法和扎根理论等研究方法对相关主题进行了学术研究。但通过对民宿的研究文献整理发现，国外对民宿的相关研究是共享经济形态下的 AirB 和 B（Johnson 和 Neuhofer，2017；Poon 和 Huang，2017；Guttentag、Smith 和 Havitz，2018），而非本书所研究的中国环境下的民宿，从研究客体上看有必要对中国的民宿进行研究。

研究内容上，有学者关注了影响住宿客的因素（Stringer，1981；Wight，1997；Jones 和 Chang，2011；黄杰龙，2015），但住宿客选择什么样的住宿设施非受单个因素影响，正如 Guttentag、Smith 和 Havitz（2018）研究发现，互动、家庭福利、新奇、共享经济精神和当地真实性五个因素都会影响顾客的消费倾向，但在体验经济背景下，体验经济包含的教育体验、审美体验、娱乐体验和逃避体验是否会对民宿客的行为产生影响，会产生何种影响，有待进一步研究。

尽管 Chen（2016）探讨了中国台湾地区民宿氛围、客户体验、客户价值和客户自愿之间的关系，但关于中国民宿客的体验、感知价值、满意度和行为意向的关系还没有相关研究，有必要对这一主题展开研究。

2.2 体验及体验经济理论

体验是一个多角度、跨学科、内涵丰富的概念，不同学科的研究者对其研究的方向和结论存在差异。

2.2.1 体验的概念及特点

体验是无形的，会不断逝去，也会持续增加（Ooi，2005）。体验是一种经济行为，是宾客对服务规模化定制的必然结果，而体验经济就是以这种行为为特征的经济形式（Pine 和 Gilmore，1999）。

2.2.1.1 体验的内涵

体验在《辞海》里的解释是“有亲身经历、实地领会和查核、考察，所获得的亲身实践所获得的经验”；在《牛津英文字典》中的解释为是“从看、做或感觉事情当中，获得知识或技能”。不管是汉语还是英语，二者都强调了体验的主体是“我”和在场性，都是主体“我”对客体对象的一种主观感知。国内外学者从哲学、诠释学、现象学、心理学、美学、教育学、经济学和管理学等学科视角对体验的概念进行了阐述，如表 2–4 所示。

表 2–4 体验内涵

学科	内涵	代表人物	视角	关注点
哲学	心灵直接进入对象内部，与对象的真实生命相契合的直觉认识方式	柏格森（1903）	直觉说	灵魂观
	指某种心理的东西（但不等于心理学的体验）、内在的东西、所有的内在生活	胡塞尔（1913）	生活现象学	心理观

续表

学科	内涵	代表人物	视角	关注点
哲学	体验人类与物质环境和社会环境之间的交流，是生命与诸要素间的互动	杜威（1919）	实用主义	互动观
	体验是对过去、世界、身体和他人无间隔的呈现	梅洛—庞蒂（1945）	知觉现象学	身体观
	每一种体验都是从生命的延续性中产生的，而且同时与其自身生命的整体相连	伽达默尔（1960）	生命现象学	生命观
美学	艺术即体验，是一种强烈的、完整的、清晰的生活经验	杜威（1943）	实用主义	生活观
	一部艺术作品就是对体验的移植，且归功于天才灵感的体验	伽达默尔（1960）	生活现象学	心理观
	体验是个体主观的内心感受和活动	Lofman（1986）	生活现象学	心理观
心理学	体验是顾客在已有知识或者经验的基础上，对自身经历所做出的评价及和认知、思考和行为相关的心理反应	HolbrookH-irschma（1982）	生活现象学	心理观
	体验是一种主观认知过程，由个人去开发而成	Abrahams（1986）	生活现象学	心理观
	体验是利用服务为舞台，产品为道具来吸引消费者，体验可回忆	Pine 和 Gilmore（1999）	实用主义	心理观
经济学	体验是商品和服务心理化的可交换物	Toffler（1970）	生活现象学	心理观
	企业有意识地提供的、使消费者以个性化的方式参与其中的事件，且愿意重复并通过口碑宣传这种体验	Gilmore 和 P.B（1997）	生活现象学	心理观
	体验是企业与顾客交流感官刺激、信息和情感要素的集合	Schmitt 和 Martínez（1999）	实用主义	互动观
	体验是一个或一系列顾客与产品、公司、公司相关代表之间的互动	LaSalle 和 Brit-ton（2002）	实用主义	互动观
	体验是顾客从与公司直接或间接的接触中产生的内部和个人的反应	Meyer 和 Schwager（2007）	实用主义	互动观

资料来源：笔者整理。

由表 2–4 可看出国内外学者从知觉现象学、生命现象学、生活现象学、实用主义、美学等视角全面阐述了体验的内涵，充分说明了体验概念的丰富和多元。经济学从互动的视角研究体验，而心理学更关注心理层面的体验，本书就是在经济学和心理学学科基础上研究民宿客体验的，充分说明了民宿客体验消费具有一定理论基础。而旅游体验就是游客在进行景物观赏、消费、交互等行为时，与旅游场景相结合而产生的认知和感受（谢彦君，2005）。基于此本书认为体验是生命个体依靠自身感官（眼、耳、鼻、舌、身），通过与所处场景中的对象互动，引起的生理、心理和精神变化的一种综合感受。

2.2.1.2 体验的特点

体验是基于个人的知识和经验，对自己所处场景中的产品、服务和环境以及与之互动后，引起主观上的感觉、知觉、认知、评价等一系列心理反应。具有如下三个特点：

（1）主观性。体验是生命个体依据自己的知识、经验和需求，通过感觉、知觉、记忆、想象认知世界，因个体在知识、情绪、经验、环境，甚至生理上的差异，对客观世界的刺激做出的反应具有差异性。是一种生命个体通过自身感官的内在激发和释放,受生命本能制约的主观感受。包含较多个人主观判断、情绪感受等因素，是顾客心中的体验（Holbrook 和 Hirschman，1982），受宾客主观变化影响（Addis 和 Holbrook，2001）。

（2）场景性。体验是在“场域中”发生的，且一般氛围情景和行为情景会同时出现，在场景中个体通过运用生理感官对客观世界进行认识，这种场景从时间角度划分有前设情景、当下情景和后体情景。是对某目标物体的遐想、感官或心理变化所产生的情绪以及自身参与的经历（Carbone，2004）。体验是生命个体的内心状态受到某些情景刺激产生的个别化感受（范秀成和李建州，2006；温韬，2006）。

（3）互动性。Csikszentmihalyi（2009）认为，体验是人类与物质环境和社会环境之间的交流,是生命与诸要素间的互动。只有互动才能释放需求和信息,才能达到体验的高峰。商业是人际互动形成的，企业和企业之间、企业与顾客之间的互动也是体验，每一种体验都源于被营造事件和体验者前期的情绪、现实存在状态间的互动（Pine，1999）。互动既是体验的重要方式，也是判断体验质量的关键。

Cohen（1979）认为，不同的人有不同的体验需求，不同的体验对不同的顾客有不同的意义，这种体验反映着顾客各种动机形成的稳定的模式，代表着满足个人各种需要——从追求愉悦到寻求意义的不同方式。对个体而言，体验是一种多功能的休闲活动，既包含娱乐要素，也有求知成分（谢彦君，2015）。

2.2.2 体验经济理论

Pine 和 Gilmore（1999）指出，体验经济是继农业经济、工业经济和服务经济之后产生的第四种经济形态，它是科技和竞争推动的必然结果。体验经济区别于其他经济的核心是营造、可回忆、个性化和宾客感受。营造的目的是吸引顾客参与，分为主动参与和被动参与。把顾客的体验消费分为教育体验、审美体验、娱乐体验和逃避体验，并把四种体验分在不同象限。第一种维度（横轴）对应的是宾客的参与水平。第二种维度（纵轴）对应的是参与者和背景的关联，如果体验“走向”宾客，对宾客来说就是吸引式体验；如果宾客“走向”体验，就是浸入式体验。两种维度的结合产生出体验的四种范围，如图 2-1 所示，受两种维度共同作用，四个坐标象限组成的不同体验范围形成了独特的个人经历。

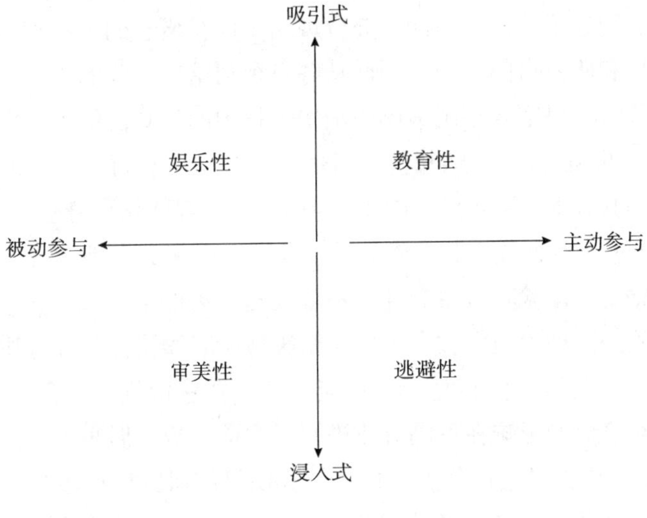

图 2-1 体验范围

体验是以服务为舞台、产品为道具来吸引宾客，具有回忆性，企业提供的产品或服务应该是能给宾客带来丰富感受，产生内心共鸣的综合体验。每一次体验都源于被营造事件和体验者前期的精神、存在状态之间的互动。体验具有无形性，人们之所以热衷于体验，是因为体验的价值可以在相当长一段时间存储于体验者的心底。营造这种快乐体验的企业，不但能赢得宾客珍贵的金钱和时间，从而产生功能感知价值，还能赢得宾客的心，它是在宾客个人内心生成的，是处于场景中的消费者的生理、心理和精神水平处于高度刺激状态时形成的，必然导致其不会产生与他人相同的体验，体验也会产生情感价值。通过不同的产品营造体验场景，会让宾客感觉与众不同，产生社会价值。

这一理论的4E体验通过B和B的客人进行了概念化和测量（Oh、Fiore和Jeoung，2007），一些学者也在动物园、游轮、电影节、葡萄酒、博彩业和禅修等行业进行了研究（Tsaur、Chiu和Wang，2007；Hosany和Witham，2010；Park和Oh，2010；Song、Choi和Lee，2011；Mehmetoglu和Engen，2011；Quadri-Felitti和Fiore，2013；Huang，2015；Zhang，2016），4E消费作为前因变量对顾客的感知价值、满意度和行为意向有显著影响。

2.2.3 体验相关文献评述

（1）国内外学者从知觉现象学、生命现象学、生活现象学、实用主义、美学等视角全面阐述了体验的内涵，充分说明了体验概念的丰富和多元。由于学者的知识背景和研究目的不同，因此从各自视角给出体验的概念。本书以民宿客为研究对象，以民宿客在民宿体验消费过程中的感知价值为出发点，聚焦在体验经济理论的4E体验、感知价值对住宿客满意度和行为意向的影响。在国内外研究者的基础上,结合本书主题认为体验是顾客依靠自身感官（眼、耳、鼻、舌、身），通过与所处场景中的消费对象互动，引起的生理、心理和精神变化的一种综合感受，体验具有主观性、情境性和互动性。

（2）体验经济理论包含教育体验、审美体验、娱乐体验和逃避体验四种体验维度，核心是营造，体验会产生功能价值、情感价值和社会价值，4E体验的维度对感知价值的影响在不同行业进行了实证分析，但对单体民宿应用体验经济理论中的4E要素进行分析民宿客体验质量的研究还比较少，民宿是一个体验度较高、产品和服务差异化强的产品，有必要运用体验经济中的4E要素进行研究。

2.3 感知价值的相关研究

感知价值是一个多角度、跨学科、内涵丰富的概念，不同学科的研究者对其研究的方向和结论存在差异。本书将国内外学者围绕感知价值概念、特点，构成维度、行业及作用结果的相关文献加以梳理，以进一步明确感知价值在本书中的构成要素和与其他研究对象的关系。

2.3.1 顾客价值、顾客感知价值和体验价值的内涵及关系

人类经历农业经济、工业经济、服务经济后，进入体验经济的时代（Pine 和 Gilmore，1999）。在当前的经济形态下，企业有何种价值的顾客、顾客有何种资源、顾客有哪些能力成为企业竞争力的新源泉（Woodruff，1997）。顾客价值、顾客感知价值和体验价值已经成为学术界关注的焦点。但三者间的内涵分别是什么，三者间有何关系？目前，学术界缺乏一致看法，且在实际应用中，存在一定混淆。为了更好地开展本书的研究，需对顾客价值、顾客感知价值和体验价值间的演化过程以及它们之间的关系进一步厘清。

2.3.1.1 顾客价值、顾客感知价值和体验价值的内涵

（1）顾客价值。顾客价值概念是顾客价值理论的核心问题之一，只有把顾客价值概念搞清楚，才能展开与之相关问题的研究（Woodruif，1997）。顾客价值最早由 Jakson（1985）提出，认为顾客价值是顾客感知价值与实际付出价格间的比率。基于此国内外学者从不同角度对顾客价值的内涵进行了不同的阐释，现阶段主要可以分为两类：一类侧重于从顾客价值衡量的视角来理解顾客价值；另一类侧重于从外部环境以及顾客关系对顾客价值的影响研究顾客价值。具体来看：

Jakson（1985）认为，顾客价值是顾客感知价值与实际付出价格间的比率，是从顾客价值衡量的角度提出的，此后 Morris（1994）、Anderson（1998）、Kotler（1994）等都从如何衡量这一价值的角度来定义顾客价值。

Morris（1994）认为，顾客价值是顾客感知到的产品质量与价格之间的函数；

Kotler（1994）提出顾客让渡价值（Customer Delivered Value，CDV），认为是顾客总价值和总成本之差，而顾客总价值（Total Customer Value，TCV）是顾客期望从某一种特定产品或服务中获得的一组价值，包括产品价值、形象价值、人员价值和服务价值等，而顾客总成本（Total Customer Cost，TCC）是指顾客在评价、获得和使用该产品或服务时引起的预计费用，包括精力成本、时间成本、货币成本和体力成本等。顾客让渡价值决定顾客选择什么样的产品和服务。

顾客让渡价值表示为函数的形式：CDV=TCV－TCC

总顾客成本函数：TCC=F（Y_1，Y_2，Y_3，…）

顾客让渡价值函数又可表示为：CDV=F（X_1，X_2，X_3，…；Y_1，Y_2，Y_3，…）其中：X_1，X_2，X_3，… 表示影响顾客总价值的各种变量；Y_1，Y_2，Y_3，… 表示影响顾客总成本的各种变量。当 CDV>I，顾客就满意，继续购买；当 CDV=1，顾客反应平淡，权衡下一步决策；当 CDV<1，顾客不满意，不再购买。

Higgins（1998）认为，顾客价值是顾客获得的价值与所付成本间的差，包括产品价值、服务价值、技术价值和认同价值；顾客成本则可以分为两类，即与所付产品或服务价格有关的直接成本和顾客付出的各种间接成本。Higgins（1998）与 Kotler（1994）共同认为顾客价值是顾客价值与成本的差额；但 Higgins（1998）强调了顾客价值的高低受到主顾双方沟通结果即认同价值的影响，也就是说，要实现顾客价值须以顾客认可并接受为前提。

Anderson 和 Narus（1998）认为，顾客价值是顾客从购买的产品或服务中获得的价值与付出的成本间的“净收益”。当顾客从本企业产品或服务中获得的“净收益”比从竞争对手的产品或服务中获得的“净收益”大的时候，顾客就会满意。与 Kotler（1994）、Higgins（1998）的顾客价值不单单是顾客本身与本企业产品对比，也与竞争者的产品对比，内涵更丰富。

Morris（1994）、Anderson（1998）与 Kotler（1994）等给出的顾客价值都是从顾客角度提出的，也有学者从企业角度提出顾客价值，即顾客资产价值研究，代表观点有：

Reichheld 和 Sasser（1990）通过研究发现，企业与顾客的良好关系可以提升企业的净现值利润。Rust 和 Zahorik（1993）与 Rust、Zahorik 和 Keiningham（1995）评估了企业改善顾客满意度和产品服务质量对顾客忠诚与扩大市场份额有积极影响。Hallberg 和 Norberg（1995）认为，不是所有的顾客都是同等重要的，顾客是企业资产的一部分，吸引、发展和维系有价值的顾客是企业经营的关键。该观点是如何利用顾客关系为企业创造价值，而不是企业为顾客创造价值。其形成主要是基于顾客终生价值（CLV）的概念。Blattberg 和 Deighton（1996）通过研究发现对现有顾客的维系要比获得新客户支付更少的成本。

侯伦、唐小我（2008）指出，顾客价值具有双重性：一重是顾客对企业提供的产品或服务的价值感知，即顾客感知价值；另一重是顾客资源给企业带来的价值，即顾客资产价值。也就是说，关于顾客价值，有两种顾客价值观：一种是以顾客为中心的价值观，另一种是以企业为中心的价值观。

（2）顾客感知价值。一些学者试图从顾客感知的视角探讨顾客价值，通过解释产品或服务属性通过消费者的心理或情感“黑箱”后，如何转化为每个顾客特定的“价值”或“有用性”,即探索顾客感知价值。此观点又可以按照“是否以货币作为衡量标准”划分为“与货币标准相关的顾客感知价值”和“与货币标准无关的顾客感知价值”两大类。

与货币相关的顾客感知价值代表观点有：Zeithaml（1988）认为，顾客价值就是顾客感知价值，指顾客从产品或服务中所能感知到的价值与其对产品或服务后所付出的成本比较，得出的一种总体评价。Hu 和 Juwaheer（2009）认为，顾客感知价值是顾客从交易中获得的实际价值或质量与其付出的成本间的权衡。Gale（1994）认为，顾客感知价值就是相对于企业产品价格调整后的同类产品市场质量感知。Doyle 和 Sambanis（2000）认为，顾客愿意从竞争对手处购买产品，是因为其提供了更好的价值，企业的竞争优势源于相比竞争对手，能够为目标顾客提供更多感知价值的能力。

与货币标准无关的感知价值认为其可以通过非货币形式衡量，即通过顾客购买后的反应来衡量。典型代表有：Woodruff（1997）根据目的—手段理论将顾客感知价值分为属性层，即顾客期望的产品属性及性能、目的层即顾客使用时期望的结果以及结果层即顾客目标与意图。Ulaga（2001）从供应商视角出发，把“顾客感知质量”和“顾客满意”概念引入顾客感知价值概念，认为顾客感知价值是指顾客对于供应商所提供产品或服务的多重感知质量价值与其损失的权衡，并考虑在特定用途和条件下，替代供应商产品的可能性。

从目前的研究看，学术界对顾客价值的内涵有较多分歧，但学者们在顾客价值的某些方面也达成了共识。主要有以下几点：一是顾客价值是基于个人的一种主观判断，与其使用的产品或服务密切相关，产品和服务是顾客价值形成、变化的载体，这与个人价值观、组织价值相区别（Woodruff，1997）。二是顾客感知价值是顾客价值的一部分，是以顾客为导向衡量顾客价值的一种顾客感知所得（产品或服务质量、有用性、价值、收益）与感知所失（产品或服务价格、其他付出）间的权衡。三是顾客价值具有相对性，无论是否以货币标准衡量，顾客感知价值的观点都在强调顾客价值的主观性。一部分顾客价值虽由企业创造，但非决定者，顾客才是顾客价值的大小缔造者。

（3）体验价值。Holbrook 和 Hirschman（1982）认为，体验消费会引起体验价值，它与理性消费价值相对应。从这个视角看体验价值是顾客价值，是消费体验过程中顾客对其消费产品或服务的一种价值判断，是随着顾客消费模式转换而表现出来的一种新型顾客价值观。由此体验价值理论进入研究者的视野，其代表人物有 Holbrook（1999）、Sheth（1991）、Ruyter（1997）与 Mathwick（2001）等。从目前的研究成果来分析，对体验价值的解释主要有以下三种：

1）体验价值是消费价值。Holbrook 和 Hirschman（1982）认为，体验消费会引起体验消费价值，是顾客消费体验中产生的一种价值判断，由此引起符号的、享乐的或美感的体验消费价值。Schmitt（1999）认为，体验价值是顾客对企业营销行为的反应和认知，源于顾客对产品或服务的直接使用和间接观察。Holbook（1999）认为："顾客体验价值"、"消费价值"与"顾客价值"无本质区别，认为体验价值是"相互的、相对的、偏好的体验"。其不仅存在于所购买的产品或服务中，相当一部分在于顾客消费体验过程，并进一步将其分为：外在价值和内在价值、自我导向价值和他人导向价值、主动价值和被动价值，同时将体验价值的八大类（效率、卓越、地位、尊敬、游戏、美感、伦理与心灵）分属在三个二维变量中。Pine 和 Gilmore（1999）认为，体验价值是从服务中分离出来的体验经济的提供物，是企业为顾客提供娱乐、逃避现实以及教育、审美视觉享受等活动中包含的价值总和。Mathwic、Rigdon 和 Carli（2001）认为，体验价值是企业为了帮助消费者达到消费目标，由互动所引发的顾客对产品或服务的态度，以及顾客所形成的由消费绩效所感受到的偏好程度，将顾客享乐的消费价值定义为体验价值。

2）体验价值即顾客感知价值。Woodruff（1997）认为，体验价值是顾客为达到目的，对产品或服务属性的表现和结果加以评估后在认知上形成的偏好。Williams（2000）认为，体验价值是顾客对所购产品或服务进行的思考过程，以及主动获取其知识过程的感知。Mathwick（2001）认为，体验价值是消费者对于产品或服务属性绩效的相对认知，源于顾客对服务或产品的直接使用或远距离所得。体验价值是顾客对其心境感觉和情感变化的主观体验感知（张凤超和尤树洋，2009）。体验价值不仅包含顾客所消费产品或服务所带来的实用价值和感受价值，还与顾客对产品或服务过程以外情形的感知，也与社会责任、公共形象、企业文化、品牌个性等有关（皮平凡，2009）。

3）体验价值是互动中的共创价值。Fournier（1998）认为，体验价值源于和消费者有密切关联、有特殊品牌体验经历，通过与他人或有价值物品的互动过程中所产生的消费体验来获得与消费者社会关系相关的体验价值。Caroline和Sally（2009）发现，消费体验价值不是顾客个体独创的，而是与他人分享，在互动中共同创造的。张凤超和尤树洋（2009）认为，体验价值是顾客亲历消费过程，与企业共创并努力维系微妙、多样的价值感觉或知觉状态。王新新和潘洪涛（2011）认为，消费体验的结果不仅指顾客一方获得价值，也包含顾客与其他顾客、工作人员、组织共创的价值。蒋婷（2012）认为，体验价值是具有价值共创特性的顾客价值。

上述对体验价值的三种解释，由于历史时期不同，研究者出发点和研究对象各不同，对体验价值的定义也有所差异。第一种把体验价值视同消费价值和顾客价值。尽管Holbook（1999）把体验分为八种，但体验具有主观性、因个体不同而有所差异，也不单是享乐或情绪体验。第二种把体验价值等同于顾客感知价值，心理学上、研究的维度和行业体充分说明二者之间有较多的相关性。第三种观点基于主客互动、客客互动以及顾客与产品、服务的场景互动提出，将体验价值与社会环境结合进行解释，抓住了体验价值的本质属性。由此判断体验价值除了具有顾客价值和顾客感知价值所具有的基本特性外，还具有互动性和价值共创性。基于上述分析，本书认为体验价值源于顾客价值，都是广义上的顾客价值，体验价值和顾客感知价值都是顾客对消费对象的一种主观对比感知判断，即顾客在与产品和服务的提供者互动的过程中，对所消费物品、服务及其附属产品做出的感知收益和感知成本的比较权衡后的感受与整体评价，其具有主观性、互动性、动态性、共创性和复杂性。体验是生命个体依靠自身感官（眼、耳、鼻、舌、身），通过与所处场景中的对象互动，引起的生理、心理和精神变化的一种综合感受，即感官的感知，本书认为体验价值就是感知价值。

2.3.1.2 顾客价值、感知价值和体验价值间的关系

顾客价值、感知价值和体验价值三者间既有联系，又有细微区别。顾客感知价值和体验价值皆源于顾客价值，是研究顾客价值到一定阶段深化的结果，顾客感知价值和体验价值是以顾客为着眼点展开的研究，三者是本与体的关系。顾客感知价值和体验价值都是从顾客感知角度进行价值判断的，是感知收益与感知成本比较权衡后得到的主观认知和评价。同时三者又有一定的区别，顾客

价值可分为以顾客导向的顾客价值和以企业导向的顾客价值，着眼于产品的功能效用性上，是一种相对理性的感知评价，而感知价值和体验价值除了注重产品和服务本身的价值外，更关注产品和服务以外的愉悦和欢愉情感感受，是一种理性和感性结合的感知评价，源于顾客价值，但又高于顾客价值（周芳，2009），如表 2–5 所示。

表 2–5 顾客价值、感知价值和体验价值比较

名称	测度方法	感知成本	感知收益	价值判断	评价特点	互动性
顾客价值	感知成本与感知价值之差	货币成本与非货币成本	产品质量和功能效用	理性的、外在的认知评价	客观	少互动、没有顾客参与
顾客感知价值	收益与成本之差、更注重内心愉悦和享乐	货币成本与非货币成本	除了产品质量和功能外，更注重主观感受和评价	理性加感性的认知评价	更加主观和个性化	强调产品的互动，强调在价值创造中的参与性
顾客体验价值	更强调场景和情感	非货币成本占主导	产品属性是基础，外延是重点	更加感性	主观色彩浓	强调互动

资料来源：参考李丽娟（2013）整理。

2.3.2 感知价值测量维度研究

感知价值既然是顾客在与产品和服务提供者互动的过程中，对所消费物品、服务及其附属产品做出的感知收益和感知成本的比较权衡后的感受与整体评价，那一定是构成感知价值的要素起作用的结果。感知价值的研究基础就是对这些要素及其结构进行探讨，而且也是进一步探讨其与满意度或忠诚度或行为意向间内在关系的前提。目前，国内外学者关于感知价值维度的研究成果也是本书构建民宿客感知价值体系的理论来源。本书在国内外学者关于感知价值结构维度路径研究的基础上，进行完善和补充，并做相应的评述，做出适合建构民宿客感知价值体系的选择。

2.3.2.1 内省式感知价值结构维度

内省法是通过个体对自己内心活动进行观察、感知和陈述来研究其心理活动的方法（Wundt 和 Judd，1924）。由于感知价值的维度主要依靠顾客对消费对象的主观理解和感受，因此把这种顾客在消费过程中产生的感知状态命名为

内省式感知 。Csikszentmihalyi（1997）根据感知挑战和感知技能两个维度对感知进行归类，指出心流感知具有丰富的心灵能量。Massimini 和 Carli（1988）依据顾客心理上的感知技能与感知挑战的匹配程度，将感知价值细分为流畅、激发、控制、放松、厌倦、冷漠、担忧、焦虑八个维度，如图 2–2 所示。

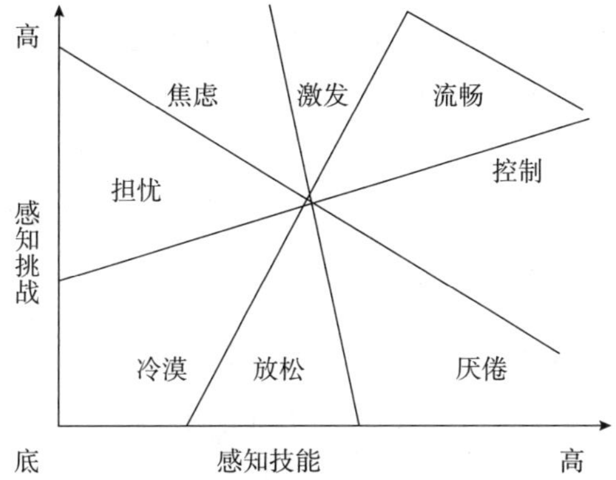

图 2–2　感知挑战与感知技能匹配

资料来源：Massimini 和 Carli（1988）。

当感知技能与感知挑战完全匹配时，就会产生流畅体验的最佳体验状态。这种内省式感知价值结构维度理论主要适用于网络购物、网络游戏等虚拟环境下的顾客感知研究（Takatalo，2008）。

这一结构维度的局限性主要体现在：一是这一结构维度无论是 Csikszentmihalyi（1997）二维流畅体验价值维度，还是 Massimini 和 Carli（1988）八项感知价值维度的开发与设计，完全考虑顾客的主观感受，而忽略了外部环境与顾客感知价值间的客观联系；二是测量感知技能与感知挑战的匹配的感知价值维度较复杂，可操作性不强，制约了它的推广和应用；三是将感知价值的形成局限于消费过程的顾客感知，而忽略了感知前后的期待与反应。因此，这类模型较多地适用于虚拟环境下的感知价值的维度结构分析及实证检验。

2.3.2.2　情景关联式感知价值结构维度

Mathwick（2001）与 Holbrook（1996）从顾客与消费情境关联性的角度阐释感知价值结构维度。并把感知价值结构维度分为外在 / 内在、主动 / 被动、自我导向 / 他人导向三个维度。其中：①外在感知价值强调在消费过程中，由产品功能所产生的效用，而内在感知价值更重视除了功能外其他特性带来的价值。②当顾客从个人价值出发，对消费感知发出自我评价、赞赏或深思时，这种价值称为自我导向价值，假若包含其他人的价值则会产生他人导向价值。③由顾客主动引起的行为所构成的感知价值是主动价值。被动价值则产生于顾客对所消费主体或及其由经验形成的理解、赏识或回应。Holbrook（1996）把感知价值的三个二维细分变量分为八大类，分别是效率、卓越、地位、尊敬、游戏、美感、伦理与心灵，如表 2-6 所示。

表 2-6　感知价值类型

以谁为中心	互动心态	外在	内在
自我导向	主动	效率（投入产出）	游戏（乐趣）
	被动	优越性（质量）	美感（优美）
他人导向	主动	地位（成功）	伦理（美德）
	被动	尊重（名誉）	心灵（忠诚）

资料来源：Holbrook（1996）。

Mathwick（2001）基于 Holbrook（1996）分类，发展出具体尺度，衡量顾客感知价值，把其分为服务优越性、投资报酬、趣味性和美感四个维度，如图 2-3 所示。

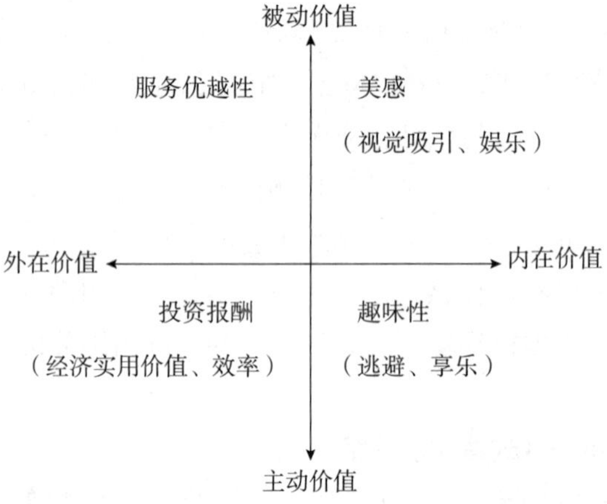

图 2-3　情景关联式感知价值结构维度模型

资料来源：Mathwick（2001）。

情景关联式感知价值结构维度把顾客与消费情境之间关联，能有效测量感知价值维度，为感知价值的定量研究提供了条件。但也缺乏考虑顾客感知价值的过程性和互动性，当消费情境和顾客间的黏性及关联方式发生变化时，也会引起顾客感知价值差异的局限性。

2.3.2.3 层次式感知价值结构维度

Sheth（1991）认为，感知价值由认知、情感和社会三个结构维度构成。认知是宾客在消费中的思考与有意识的学习，是对企业、产品或服务的认识；情感是宾客在消费过程中的感觉和情感变化，是宾客与企业之间的情感纽带；社会是宾客通过消费行为表明了宾客的生活态度、社会地位，满足了顾客对归属感、受尊重感和自我实现的内在需求。据此国内外学者在不同时期以 Maslow（1943）需求层次理论为基础，从纵向的层次，通过不同的产业，运用实证的方法对感知价值结构维度进行了探索性研究，如表 2-7 所示。

表 2-7 不同时期层次式感知价值结构维度研究

研究者	年份	维度内容	实证验证领域
Park	1986	功能性需求、体验性需求、象征性需求	电视购物
Sheth、Newman 和 Gross	1991	功能性价值、社会性价值、条件性价值、情绪性价值、知识性价值	香烟
Darden 和 Babin	1994	功利主义价值、享乐主义价值	网络购物
Lai	1995	功能性价值、社会性价值、情感性价值、知识性价值、感知性价值、快乐性价值、情境性价值	零售业
Naylor	2008	体验性价值、功能性价值、象征性价值	零售业
Ruyter 等	1997	外部价值、内部价值、系统价值	酒店业
Grewal	1998	认知的获得价值、认知的交易价值、感官体验价值、情感体验价值	零售业
Schmitt	1999	思考体验价值、行动体验价值、关联体验价值	产品品牌
Williams 和 Soutar	2000	功能性价值、情感性价值、社会性价值、知识性价值	旅游业

续表

研究者	年份	维度内容	实证验证领域
Sweeney 和 Soutar	2001	情绪价值、社会价值、功能价值(价格 / 货币价值)、功能价值(绩效 / 质量)	耐用消费品
Heufler	2004	生理体验价值、感知体验价值、社会体验价值	餐饮业
Michie	2005	实用性价值、享乐性价值、象征性价值	旅游业
Rintamk 等	2006	经济性价值、社会性价值及享乐性价值	购物商店
Brakus	2009	感官体验价值、情感体验价值、行动体验价值和认知体验价值	产品品牌
皮平凡	2009	功能性价值、社会性价值、情感性价值和品牌价值	酒店
李江敏	2011	功能性价值、情景性价值、情感性价值、认知性价值、经济性价值	旅游业
蒋婷	2012	功能性体验价值、情感性体验价值、认知性体验价值、社会性体验价值	旅游业
胡永铨、刘厚安	2015	科技体验价值、感官体验价值、功能体验价值和知识体验价值	互联网
郭俊辉	2016	商品价值、服务功能、设施便捷、气息氛围、业态整合和期待惊喜	大型商场
单从文	2016	感官体验价值、情感体验价值、知识体验价值和社会体验价值	产品品牌
Kim 和 Thapa	2018	情感感知、价格感知、质量感知、社会感知	旅游业

资料来源：笔者整理。

影响感知价值维度具有层次性差异，由低到高分别是功能性感知价值 、情感性感知价值、社会性感知价值和认知性感知价值，在不同的消费情境下，顾客的体验需求存在差异（Orsingher，2003 ；范秀成，2006）。而 Gentile 和 Noci（2007）基于消费体验模块理论和体验一致性理论，把感知价值结构划分为感觉、情感 、认知、实用性、生活方式和关联六个方面。Orsingher（2003），Gentile 和 Noci（2007）的理论与 Maslow（1943）需求理论结合起来较直观地反映出顾客体验价值的层次感，如图 2-4 所示。

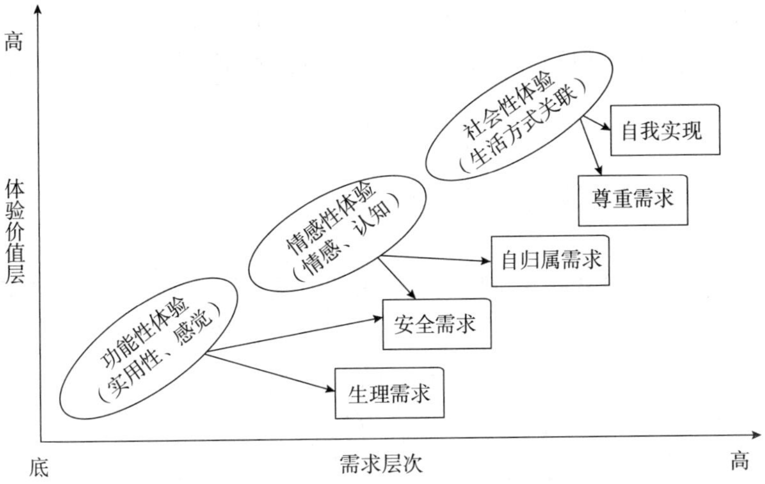

图 2-4　需求层次与体验层次复合模型

层次式感知价值结构维度说明顾客在不同的消费场景中，主导性感知需求具有层次性差别，决定感知价值的主导性价值维度一定也不同。由于该结构维度特征和验证方法形象直观，易于理解和执行，被广泛用于酒店、旅游、商场等服务性行业的体验营销方案的设计和执行中。但也忽视了消费场景与主导性感知价值维度本身存在一定的相关性，使研究者无法确定具体消费场景下顾客感知价值的主导维度是功能性、情感性、知识性还是社会性的。感知价值维度无论是以 Csikszentmihalyi（1997）、Massimini 和 Carli（1988）为主的内省式体验价值维度划分，还是以 Mathwick（2001）与 Holbrook（1999）情景关联式维度划分和以马斯洛（1943）需要层次理论为基础的层次式体验价值结构维度都有一定的实用价值和理论意义，但不同维度都存在局限性，特别是在旅游业中体验消费具有多角度、动态性和主观性（Botterill 和 Crompton，1996）。但鉴于层次式体验价值结构维度直观明了，易于进行量化操作，本书倾向此结构维度，而且 Williams 和 Soutar（2000）通过对到西澳大利亚旅游的旅游者进行访谈的探索性和质性研究认为，游客体验维度应该包括功能性感知、情感性感知、社会性感知和知识性感知四个。为了进一步确认本量表的科学性，Williams 和 Soutar（2009）对到澳洲的探险旅游者进行调查确认了功能价值、社会价值、知识性、情感价值和新奇性五个价值维度对冒险旅游环境中的客户满意度和行为意图具有强烈的积极影响，情感价值和新奇价值也是满意度和未来意图的重要预测因素。本书的研究客体是中国民宿，主体是民宿客，在体验经济理论框架下，认为 Williams 和 Soutar（2009）通过实践证明的功能感知价值、情感感知价值和社会感知价值更符合本书的主题，因此本书采用此构面来构建本书的概念模型。

2.3.3 感知价值的影响因素研究

顾客感知价值是从顾客价值发展而来的，是在体验消费和场景消费过程中产生的一种兼有主观性、动态性、共创性、互动性和复杂性的顾客价值。Rust 和 Oliver（1994）认为，影响顾客感知价值的因素主要是产品质量、服务质量和价格。以马斯洛（1943）需求层次理论为基础提出的层次体验价值维度，认为不同的消费者和同一个消费者在不同时期体验价值的因素也有差异。由于品牌名称和 Logo 对消费者传递该产品或服务的质量、价值等信息，品牌形象可以帮助消费者识别风险，建立购买信心，有独特性的品牌可以使消费者获得超出该产品功能的社会和情感价值，进而影响顾客的选择偏好（Grewal、Krishnan、Baker 和 Borin，1998）。因此，品牌权益也成为顾客感知价值的一个影响因素。

在一定的消费场景中，顾客感知价值源于顾客与企业提供的产品或服务间的直接或间接互动（Holbrook，1982）。当顾客积极、自愿地参与消费情境时，其将获得内在价值和主动价值；反之，当顾客被消费情境所吸引，非自愿而被动参与体验消费时，则将获得外在价值和被动价值。Hsu 和 Zheng（2007）从零售业的消费情境与顾客的互动关系角度探讨了顾客外在 / 内在体验价值的获得途径，研究发现消费情境中的现场物理环境直接影响内在感知价值的趣味性和美感等，而顾客与服务人员的互动关系直接影响外在价值的投资报酬和服务优越性等。可见，互动也是影响体验价值的因素。

Holbrook（1999）认为，不同体验价值维度的影响要素也各不相同。消极（被动）的价值源于消费者对所消费主体或经验的一种理解或回应，主要在于人的经验，而积极（主动）的价值则受到顾客与营销行为主体间的合作关系影响（Deighton 和 Grayson，1995）。顾客的情绪或心态也是影响顾客价值的因素之一。

Darden 和 Babin（1994）认为，个人所拥有的有趣经验也会引起感知价值差异。Holbrook（1996）认为，家人、朋友、邻居、同事的个人价值也影响消费者的感知价值。Grove 和 Fisk（1997）运用关键事件技术方法对 486 名顾客进行调查研究则发现，一个顾客对另一个顾客会产生积极或消极的体验影响，顾客之间可以相互影响。可见，他人也会影响感知价值。

Schneider（2004）的研究发现，当顾客参与企业产品的设计、开发、生产等过程时，顾客便从感知价值的接受者转变为感知价值的创造者，其构成发生根本性变化。感知价值由企业和顾客共同创造。

体验概念提出后，国内外学者从体验的角度研究对感知价值的影响，特别是结合旅游行业做了比较成熟的论述。Otto 和 Ritchie（1996）指出，旅游体验作为旅游者在接受服务过程中所感受到的主观心理状态，需要旅游者从各个层面进行感知。旅游体验的真实性是建立在当代游客追求真实性、真实感和逼真性的理念之上的（Loureiro，2014）。许多研究者指出，体验是旅游业的重要特征（Uriely，2015；Loureiro，2014；Song 等，2015）。体验经济理论中提到的4E 体验内容广泛地应用在旅游体验的研究中，并把 4E 体验作为感知价值的前因变量，如葡萄酒旅游（Peters、Boksberger 和 Secco，2009）、特殊事件（Quadri，2012）、遗产地（Hayes 和 Macleod，2007）、邮轮旅游（Hosany 和 Witham，2010）、博彩业（Zhang、Song 和 Park，2016）、乡村旅游（（Loureiro，2014）、禅修（Song、Lee、Hwang 和 Reisinger，2015）、度假酒店（Ali、Hussain 和 Omar，2016a）和创意旅游（Ali、Ryu 和 Hussain，2016b）。感知价值由教育体验、娱乐体验、审美体验和逃避体验所影响。

如此看来，由于感知价值主观性强，而且结构维度复杂，是顾客综合权衡的结果，影响感知价值的因素有产品、服务和价格本身，也有附着在产品或服务上的品牌、环境、关系和企业及顾客状态都是影响顾客感知价值的因素，加之感知价值是一种主观感受，其影响因素是多样的、复杂的，不能一概而论，需根据顾客消费的具体产品或服务具体分析，本书的研究对象是居住在民宿中的住宿客，而且基于 Pine 的体验经济理论，倾向于影响感知价值的多维度、多因素，有利于客观评价民宿客的感知质量。

2.3.4 感知价值的影响结果研究

Gardial、Woodruff 和 Burns（1994）认为，感知价值与顾客消费后的感受密切关系。围绕这一主题国内外学者通过实证方法皆直接或间接地检验了感知价值对顾客满意度或顾客忠诚度或行为意向间的相互作用关系。在多数行业，研究发现顾客感知价值会正向影响顾客满意或顾客忠诚或行为意向。在研究中有的学者把顾客感知价值单独作为前因变量作用于顾客满意、顾客忠诚和行为意向，有的学者认为除了顾客感知价值外还有其他变量作用顾客满意、顾客忠诚和行为意向。

Anderson 和 Sullivan（1993）发现，感知价值会正向影响顾客再购行为。Wakefield 和 Baker（1998）认为，消费者感知价值与再惠顾意图正相关。Howat、Murray 和 Crilley（1999）认为，感知价值对顾客满意和行为意向的作用关系密切值得关注。Brady 和 Hult（2001）认为，感知价值更适合作为行为研究的前因变量。Mcdougall 和 Levesque（2000）认为，感知价值对满意度的影响比服务质量更重要。Mathwick（2001）研究发现，感知价值几个维度都与顾客再惠顾有正相关。Ulaga（2001）发现，感知价值会影响顾客满意度和再购买行为，顾客感知价值在满意度之前先影响顾客的购买意向。Ryu 和 Taehee（2008）研究发现，形象和感知共同影响顾客满意度和行为意向。

国内学者廖森贵、杨素兰（2003）的研究发现，情感感知价值与知识感知价值影响顾客满意。蒋廉雄、卢泰宏（2006）认为，感知价值显著影响顾客满意度、顾客满意度对顾客忠诚度有显著影响，顾客感知价值对顾客忠诚度的作用没有验证。李幼瑶（2007）认为，感知价值会显著影响行为意向，感知价值越高，就会产生越强的重访意愿与推荐意愿。徐伟和景奉杰（2008）研究发现，感知价值对顾客满意度有显著影响，顾客满意度对行为意向有显著影响，感知价值中部分维度对行为意向有直接影响，部分通过满意度产生作用。王小娟和罗汉文（2008）认为，顾客服务体验直接对顾客满意度产生作用。姚太平（2011）研究发现，游客对主题公园的环境体验、服务体验和游客间的互动体验对顾客满意度产生正向影响，感知价值对消费者行为意向产生正向影响，趣味性和投资报酬对行为意向的影响效果显著。周名哲（2014）对网络购物进行研究，发现感知价值对行为意向存在较为显著的正向影响。徐立红（2016）研究发现，成本价值对顾客推荐意向有直接正向影响，而情感价值对推荐意向和重复购买都有直接影响作用，顾客满意度具有重要的中介效应。

2.3.5 感知价值的相关文献评析

通过上述对感知价值相关文献回顾发现，其已经成为学界、业界关注的热点。无论是研究对象的广度还是感知价值维度，国内外学者都从不同角度进行了深入的探讨和论证，但通过对文献的整理发现其在研究对象上还有进一步扩究的必要，在研究方法上还有进一步优化的空间。具体评述如下：

（1）顾客感知价值源于顾客价值，是顾客在与产品和服务提供者互动过程中，比较权衡所消费物品、服务及其附属产品的感知收益和感知成本后的感受与整体评价，其具有主观性、互动性、动态性、共创性和复杂性的特征。

（2）对于感知价值的维度研究，无论是以 Csikszentmihalyi（1997）、Massimini 和 Carli（1988）为主的内省式体验价值维度划分，还是 Mathwick（2001，2002）、Holbrook（1999）的情景关联式维度划分和以 Maslow（1943）需要层次理论为基础的层次式感知价值结构维度，尽管三种划分基于不同的研究视角，也在一定程度上对现有关于感知价值维度的研究成果进行了很好的归类和说明，但本书认为，内省式和情景关联式顾客感知价值测量模型忽略了感知价值具有互动特性和还受人际关系的影响。实现感知价值本质上是满足顾客的需求，不同的顾客和同一个顾客在不同的时间、地点、场景中的需求是有层次性的，依据 Maslow（1943）需求层次理论发展出的层次性测量模型能比较客观、准确地反映出不同层次的顾客感知价值，有一定的可操作性。

（3）现有研究成果对顾客感知价值的研究多数立足于企业视角，从产品质量、服务质量和价格因素来考虑，较少从顾客视角出发，特别是关注感知价值实现的重要途径是从这一重要因素出发来展开研究。民宿是近几年在中国大陆兴起的一种有别于西方 B 和 B 的新型住宿业，顺应了后现代消费者的消费特点，更需要沉浸式体验，体验中感知，在现有研究中较少有研究者进行相关研究。感知价值是一种主观感受，其影响因素是多样的、复杂的，不能一概而论，需根据顾客消费的具体产品或服务具体分析。

（4）现有文献表明通常情况下顾客感知价值对顾客满意度、顾客忠诚度和行为意向有正向影响。但由于顾客感知价值的构成维度视研究对象不同而有所差异，会导致对顾客满意度、顾客忠诚度和行为意向等结果变量的影响会有所差异，且对于感知价值各维度的作用结果强弱关系的验证也不够充分。而且研究涉及娱乐休闲、体育、百货零售、网络购物、奢侈品和旅游等服务业，但缺乏对非标准化酒店的典型代表——民宿进行深入的研究，特别是中国情景下的民宿客，笔者认为有必要进行规范的实证研究，发现民宿客体验 4E 消费对感知价值和满意度对和行为意向的影响，进而有必要对构成感知价值的各维度对满意度影响的强弱程度进行深入的探讨。

2.4 满意度在旅游中的相关研究

Cardozo（1965）在行销领域第一次通过实验的方法研究指出顾客满意度受获得产品所花费的精力以及对产品的期望的影响，并发现满意度对顾客行为有显著影响。20世纪80年代顾客满意成为营销学术界重要的研究课题。随着全球旅游业的蓬勃发展，满意度是旅游领域研究最多的主题之一（Kozak、Bigne和Andreu，2004），通常被用作评估旅行体验的评估工具（Bramwell，1998；Oppermann，2000），国内外学者从不同的视角和理论进行了研究。

学术界认为满意度和总体满意度是两种不同的结构（Abe，2000）。满意度是基于对特定体验的评估而构建的（Bitner和Hubert，1994）。总体满意度被认为是累积度量，它衡量了游客在目的地度假时的整体体验（Pizam，1978），是基于事后消费的判断评估（Correia和Ferradeira，2013）。

Pizam（1978）认为，游客满意度是游客期望与感知相比较的结果，如果感知与期望比较的结果使游客感觉满意，则游客是满意的。公平理论认为，满意是消费者牺牲和获得之间的权衡（Oliver，1997）。

因研究对象的不同，游客满意度的影响因素也有所差异，影响旅游目的地游客满意度的因素有目的地属性，如服务的有效性、住宿的清洁度、居民的礼仪、员工的专业性、服务效率、自然环境（包括天气条件）、服务的价格和价值、沟通的便利性、安全性等（Yuksel，2000；Endalkachew和Endalew，2018）；旅游地形象（Chen和Tsai，2007）；旅游者动机（Yoon和Uysal，2005）；感知价值（Chen和Lin，2015；Song、Park、Wang和Reisinger，2015；Kim、Ham、Moon、Chua和Han，2018；Wu和Li，2018）。影响餐饮业客人满意度的因素有产品质量和卫生、服务态度、新颖的菜单、价格、氛围、营养食品、菜肴的色泽、地点和外观、等待时间（Law和Zhao，2004；Liu和Jang，2009）。Homburg和Hoyer（2006）从动态的角度认为游客认知和情感在满意度形成过程中会同时产生作用，认知对满意度评价的影响增加，情感的影响随着时间的推移而降低，这些效果随着不一致的性能体验而减弱，随着游客经验的积累，认知和情感共同解释的顾客满意度的变化也会增加。

有诸多因素对游客满意度有影响，学者常用以下模型来衡量游客满意度：服务质量测量模型（Kano，1984）、感知绩效模型（Tse 和 Wilton，1988）、SERVQUAL 多标准服务质量模型（Parasuraman、Zeithaml 和 Berry，1988）、期望不确定模型（Pizam 和 Milman，1993）、HOLSAT 假日满意度模型（Tribe 和 Snaith，1998）、质量绩效模型（Baker 和 Crompton，2000），以及多元线性回归模型（Meng、Tepanon 和 Uysal，2008）。为了确定游客满意度，Yooshik 和 Uysal（2005）在旅游文献指出四种理论，分别是期望不确定性理论、公平理论、规范理论和感知性能理论。在实践中最常使用期望不确定理论和感知性能理论（Forero 和 Gomez，2017；Lankton 和 McKnight，2012）。期望不确定理论基于购后概念（Yoon 和 Uysual，2005），其中游客满意度通过游客期望与提供服务的旅行感知之间的差距来衡量（Hassan 和 Shahnewaz，2014）。

Halstead（1989）指出衡量消费者满意度的真正价值在于它为预测客户的消费后反应所创造的潜力。游客的满意度与行为意向密切相关，尤其是推荐的可能性（Bigne 和 Sanchez，2001）。Petrick（2004）认为，满意度较高的邮轮乘客对产生积极的口碑有影响，一次愉快的体验将对整体满意度评估产生积极影响（Hosany 和 Witham，2010）。

研究者从不同研究对象和视角对游客满意度给出了不同的解释，并给出影响满意度的因素和测评模型，本书认为游客满意度是游客期望与感知差距权衡后的心理反应，具有综合性和动态性。满意只是游客的一种暂时心理状态，它必然会反映到游客的行为当中，是游客后续行为的重要前因变量。

2.5 行为意向的相关研究

在体验经济背景下，消费者在场体验后会有何种行为意向产生（积极行为意向、消极行为意向），一个品牌与更多的正面信念相联系，每种认知的正面程度就越高，个体就越容易回忆起这种信念，整体认知成分就越正面积极。

2.5.1 行为意向的内涵

行为意向概念源于态度理论，该理论认为态度由认知、情感和行动三要素组成。国内外研究者由此围绕态度三要素对行为意向的内涵做了鉴定，如

表 2–8 所示。

表 2–8 行为意向内涵

研究者	定义
Kotler（1971）	消费者在购买产品后，为了表示自己对产品满意或不满意而评价所引发的外显行为
Ajzen 和 Fishbein（1975）	指顾客对某项服务积极倾向的程度
Warshaw 和 Davis（1985）	指一个人所进行或不进行某种未来行为的意识程度
Folkes（1988）	个人主观判断其未来可能采取行动的倾向
Woodsid 和 Lysonski（1989）	潜在旅游者在某个特定时间段访问某个特定旅游目的地的感知可能性
Cronin 和 Taylor（1992）	消费者对一项产品或服务的态度是由以往经验所得，对此产品或服务的态度会影响购买意愿
Fishbein 和 Manfredo（1992）	要预测消费者未来行为最有效的方式是了解他们的行为意图
Engel（1995）	消费者在消费后，对于产品或企业所可能采取的特定活动或行为倾向
蔡瑞宇（1996）	顾客需求为满足的情况下，如何寻找、评估、购买与处理产品或服务所表现的各种行为
Peter （2002）	一个人主观判断其未来可能采取行动的倾向
陈帘仔（2004）	行为意愿是指消费者于体验后，对于体验的相关产品、服务或企业可能采取的再购行为、推荐意愿及交易意愿
程兴火（2006）	游客到某地旅游后对于再次来此旅游，乐于向别人推荐，积极对外正面宣传的态度
罗晓光和于立（2007）	顾客购买产品后所表现对所购买的产品或服务、供应产品或服务的企业或组织相关的一切外在行为
吴欣纯（2012）	顾客再次入住或推荐他人入住的意向
普片（2015）	指顾客购买某种产品或者接受某项服务后，对此作出的一系列反馈或采取的行动

资料来源：笔者整理。

研究者对行为意向的上述定义都是研究者从本领域和研究对象出发给出的较为客观的定义，都强调了消费者对即将从事某项行为的主观判断，且认为是消费者在体验后的一种心理及态度的改变，从而对其行为产生影响的行为意愿。

差别在于研究者在衡量顾客行为意愿时，该消费者之前是否有过该企业产品或服务的消费行为。Ajzen 和 Fishbein（1975）给出的行为意向概念中，并没有强调消费者产生行为意向之前必须要有消费行为，而 Cronin 和 Taylor（1992）在概念中认为，消费者对某一产品或服务的态度是由其以往经验所决定，而其对该产品或服务的态度才会影响购买意愿。但本书以民宿客为研究对象，而且以在场民宿客体验后行为意向为着眼点，因此是一种购后行为意向，Engel 等（1993）给出的定义与本书行为意向的内涵基本一致，即行为意向是消费者在消费体过程中或体验后，对于体验的相关产品、服务或由提供者营造的服务场景等感知后，对其可能采取的一种积极（口碑宣传、再购行为及推荐意愿）（Bigne 和 Sanchez，2001；Petrick，2004）或消极（抱怨和品牌转化）的态度。

2.5.2 行为意向的维度与测量

国内外研究者关于行为意向维度研究，归纳起来可以分为积极和消极两大类：积极的行为意向包括重购意向、正面宣传、口碑传播、支付更多；消极的行为意向包括抱怨、品牌转换等，如表 2-9 所示。

表 2-9 行为意向维度研究者及衡量项目

研究者	项目
Kolvereid（1978）	不采取任何措施、采取公开措施
ZBP（1986）	忠诚度、转换的倾尚、支付更多、外部反应、内部反应
Westbrook（1987）	满意的评价、向商家直接投诉行为、口头传播行为、重复购买
Swan 和 Oliver（1989）	正面或负面口头传播，对他人的推荐或告诫，抱怨或赞扬销售方
Cron 等（1988）	如果回到过去，会做相同的选择；再次购买该产品的可能性；推荐给好友的可能性
Boulding（1993）	再购意向，是否愿意推荐
Mooradian 和 Oliver（1997）	顾客满意，顾客抱怨行为、顾客口头行为
Lassar 和 Mittal（1995）	推荐意向，转换意向
Zeithaml、Berry 和 Parasuraman（1996）	忠诚度、转换倾向、愿意支付更多、对于问题的外部反应、对于问题的内部反应
Zeithaml 和 Parasuraman（1996）	忠诚度、支付更多、行为转换、对内回应和对外回应

续表

研究者	项目
Baker 和 Crompton（2000）	想尝试其他延伸产品、如果得不到会转向其他、推荐朋友去
Blackwell（2001）	购买意向、再购意向、采购意向、支出意向、消费意向
Bigne 等（2001）	重游意愿、推荐意愿
Lee（2004）	重游意愿、推荐意愿
Lam 等（2006）	可能性、计划性、意愿性
罗晓光、于立（2007）	使用与消费、购后体验的反馈、法律行为、再购买行为
谢礼珊、李健仪（2007）	向他人介绍、向亲朋好友推荐、向他人称赞、重购意向
赵晓煜、曹忠鹏（2010）	再次消费、向亲友推荐、消费更多费用，增加停留时间
Hyun、Kim 和 Lee（2011）	正面评价，向别人推荐，再次入住意愿
Yi 和 Liao（2018）	再购买、积极评价、鼓励亲朋好友购买

资料来源：笔者根据材料整理。

从表 2-9 看出尽管国内外研究者基于不同行业对不同消费者进行了实证研究，但得出共同的结论是行为意向多数集中在重购、推荐意向、多支付和正面口碑，本书基于文献同样倾向于重构、推荐、正面口碑和宣传意向。

但是随着近年来智能手机的使用，移动应用软件（App）的出现已经爆发式增长，在众多类别的移动应用程序中，社交应用程序是增长最快的应用程序之一（Hsiao 和 Tang，2016）。在数字社交媒体发达的今天，大量旅行者在体验消费之前会使用互联网查找有关产品的信息（Litvin、Goldsmith 和 Pan，2008）。52%的 Facebook 用户评论说，在这个社交媒体平台上看到朋友的照片会影响他们，以便选择和预订相关旅游产品（Bulencea 和 Egge，2013）。旅游产品服务商为游客提供的服务，产品和其他资源，受到游客积极体验，旅游服务商可以产生重复访问，以及游客对诸如朋友和 / 或亲戚等潜在游客的积极口碑效应影响（Oppermann，2000）。以往访问的建议可视为潜在游客最可靠的信息来源，推荐给其他人（口碑）是对旅行感兴趣的人最常寻求的信息类型之一（Yoon 和 Uysal，2005）。口碑已成为社会中分享信息越来越有用的管道，还会变得越来越重要（Keller 和 Berry，2003），在消费者中产生积极的口碑（WOM）已成为营销人员的重要工具。

2.5.3 行为意向的相关因素研究

服务质量、顾客价值、顾客参与、服务补救程度和顾客满意等都是行为意向的前因变量（Chen，2007），但是不同的学者认为不同变量对顾客行为意向的影响结果不同。

File、Judd 和 Prince（1992）研究发现，顾客是否参与会影响顾客口头传播和顾客再购买，但是通过影响服务质量进而影响行为意向；Ennew 和 Binks（1999）认为，顾客参与对顾客满意度有正面影响，则对再购行为是间接影响。Loureiro（2014）发现目的地吸引力和记忆影响行为意向。

Parasuraman（1983，2000）认为，服务质量正向影响顾客行为意向，服务质量最终决定顾客的行为，如果服务企业提供优质的服务，就会导致顾客产生积极的行为意向；如果提供劣质的服务，则会导致消极的行为意向。Brady、Cronin 和 Brand（2004）研究表明，只有顾客感知到的服务质量才会对顾客的行为意向有正向影响。汪纯孝、韩小芸（2003）发现，服务质量没有直接对顾客的推荐和重复购买产生影响，但有间接影响。Yi 和 Liao（2018）研究发现，纪念品的真实性和感知价值对行为意向有显著影响。Hsiao（2016）研究发现，感知价值直接影响行为意向。

Boulding 等（1993）研究发现，顾客感知质量与推荐意向、再购意向有正相关关系。Anderson 和 Sullivan（1993）发现，体验价值对顾客再购行为有正向影响作用，顾客的再购为顾客忠诚的表现。范春春（2014）研究表明，红色旅游动机通过感知价值对行为意向的影响远远大于其直接对行为意向的影响。向坚持（2017）认为，体验价值中成本价值和情感价值对行为意向的推荐意愿和重复购买关系有正向作用。

Blodgett、Granbois 和 Walters（1993）指出，服务补救和口碑传播之间存在着显著联系。旅游业中体验者的口碑推荐会令人感到可靠和信任，会对其他消费者的行为意向产生正向影响（Bolton，1991）。张圣亮和高欢（2011）在饭店服务中，采用情景模拟法研究验证了服务补救对重购意向显著正相关。邓南茜（2013）研究发现，旅游地品牌个性对游客行为意向有正向影响。张圣亮等（2009）发现服务补救后，消费者的积极情绪对其口碑传播及重复购买意向有正向影响，消极情绪对其口碑传播及重复购买意向有负向影响。

Bitner（1990）认为，顾客满意度与行为意向有正向作用。Cronin 和 Taylor（1992）针对服务质量、顾客满意度和购买意图三者间的关系研究发现，服务质量是顾客满意度的前置变量，顾客满意度显著影响购买意向。Patterson 和 Spreng（1997）认为,顾客满意度是购后行为意向的前因变量。Beeho 和 Prentice（1997）研究发现，游客满意度与重游意愿、口碑宣传意愿之间有显著的正相关。

庄竣安、林士杰和吴宗优（2012）通过对民宿的研究认为，民宿主客互动质量对住宿客的口碑传播有显著影响。林舜涓和蔡佳燕（2007）认为，住宿客的情感体验对其行为意向有正向影响。

认知—情感—行为态度理论指出三者间具有较高的内部一致性，意味着某个成分的变化将导致其他成分的相应变化。在实践中直接对顾客行为做出有利于经营者经营绩效的行为通常是困难的，但可以间接地通过其亲朋好友、营销人员、媒体或其他产品提供的信息、音乐或刺激来影响顾客对产品的认识和情感（Hawkins，1996）。

2.5.4 行为意向的相关文献评析

行为意向是消费者在消费体验后，对于体验的相关产品、服务或对提供产品或服务的企业可能采取的一种积极或消极的态度。大量学者认为衡量这种态度的维度有重复购买、口碑推荐、抱怨警示和品牌转换。民宿产品与其他产品一样，在顾客消费后既会产生积极行为意向，也会有消极行为意向，但这种意向是由什么引起的？尽管有学者通过实证方法研究表明影响消费者行为意向的前因变量有服务质量、顾客情绪、顾客参与、服务补救程度、顾客满意和顾客体验价值，但对民宿客，特别是本书所界定的中国情景下的民宿客人感知价值、满意度会对其行为意向产生什么样的影响，在社交媒体发达的今天会不会通过口碑进行推荐，尽管有部分学者（张忠平，2010；蔡易霖，2010；庄竣安、林士杰和吴宗优，2012；林志钧，2016）进行了研究分析，但不够全面和系统，还需结合中国环境和后现代消费者的实际情景进行探索研究。

2.6 基于文献的民宿客 4E 体验、感知价值、满意度和行为意向关系的研究假设

假设是对某种行为、现象和事件做出的一种合理的、尝试性的并有待检验的

解释，表明研究者对于研究结果的一种设想，对于研究问题中变量间关系的一种预期，它构成了研究主题，假设的提出和验证是研究工作的主线，无论证实还是证伪都是有意义的（李怀祖，2004）。基于上述文献回顾做出下面的研究假设。

2.6.1 4E 体验对民宿客感知价值的作用

感知价值除了应用在房地产、航空、奢侈品、网络、茶叶、品牌等行业外，还广泛应用在国内外旅游业（谢彦君，2014；Chen，2015；Saleh 和 Ryan，1992；Sánchez 等，2006；Williams 和 Soutar，2009；Chen 和 Chen，2010；Prebensen 和 Uysal，2013）。在全球旅游业竞争中扮演重要角色（Williams 和 Soutar，2009；Lee 和 Choi，2011；Song、Lee、Park、Hwang 和 Reisinger，2015）。

感知价值是顾客对所感知得到的价值与其在获得该产品或服务后所付出的成本比较对该产品或服务效用的总体评价。测量感知价值的维度聚焦在感知质量和价格上（Zeithaml，1988）。Sweeney 和 Soutar（2001）认为，在当代社会，决策行为变得越来越复杂，感知价值无法简单地局限在价格和质量两个方面，应该更多面和复杂。Sánchez（2006）从功能价值、情感价值和社会价值进行测量，Williams 和 Soutar（2009）在此基础上增加了价格价值和新奇性价值，本书根据研究对象民宿的特征，采用 Sánchez（2006）、Williams 和 Soutar（2009）三个价值维度（功能价值、情感价值、社会价值）测量民宿客的感知价值。

国内外学者研究表明消费者 4E 体验对感知价值有显著作用（Lee 和 Choi，2011；Song、Lee、Park、Hwang 和 Reisinger，2015）。Schmitt（1999）认为，如果商家提供的产品能够给客户创造宝贵的体验，客户就会认可这些产品的高价值。本书的民宿能够给住宿客提供较高体验价值的教育体验、审美体验、娱乐体验和逃避体验。Pine 和 Gilmore（1999）认为，舞台化的体验会创造经济价值。目的地提供给游客的体验活动是评价目的地的价值依据（Oh、Fiore 和 Jeoung，2007），基于此，消费者 4E 体验与感知价值的关系做出如下 12 个假设：

H1a 教育体验对民宿客功能感知价值有正向影响。

H1b 教育体验对民宿客情感感知价值有正向影响。

H1c 教育体验对民宿客社会感知价值有正向影响。

H2a 审美体验对民宿客功能感知价值有正向影响。

H2b 审美体验对民宿客情感感知价值有正向影响。

H2c 审美体验对民宿客社会感知价值有正向影响。
H3a 娱乐体验对民宿客功能感知价值有正向影响。
H3b 娱乐体验对民宿客情感感知价值有正向影响。
H3c 娱乐体验对民宿客社会感知价值有正向影响。
H4a 逃避体验对民宿客功能感知价值有正向影响。
H4b 逃避体验对民宿客情感感知价值有正向影响。
H4c 逃避体验对民宿客社会感知价值有正向影响。

2.6.2 民宿客感知价值对满意度的作用

民宿客体验是其体验之后产生的感知，当住宿客产生积极的感知和认可时，顾客就满意（Kim，2005；Janda 和 Ybarra，2005；Song 等，2015）。满意度是指顾客消费后的先前期望与感知表现间的感知差异（Oliver，1997）。因研究对象不同，影响游客满意度的因素也有所差异，但大量研究表明感知价值和体验质量是影响游客满意度、忠诚度的重要因素（Williams 和 Soutar，2009；Chen 和 Chen，2010；Song、Lee、Park、Hwang 和 Reisinger，2015；Kim 和 Thapa，2018；Wu 和 Li，2018）。实证研究表明游客感知价值与满意度有正向关系，当游客感知价值高时，游客的满意度就越高。Song、Lee、Park、Hwang 和 Reisinger（2015）研究表明，禅修客的功能感知价值和情感感知价值对满意度有显著影响；Chen 和 Lin（2015）研究表明，顾客的功能感知价值、社会感知价值、情感感知价值对满意度有正向作用。基于此本书就民宿客感知价值和满意度的关系提出以下假设：

H5a 民宿客功能感知价值对满意度有正向影响。
H5b 民宿客情感感知价值对满意度有正向影响。
H5c 民宿客社会感知价值对满意度有正向影响。

2.6.3 住宿客满意度对行为意向的作用

行为意向是消费者在消费体验过程中或体验后，对于体验的相关产品、服务或由提供者营造的服务场景等感知后，可能采取的一种态度（Bigne 和 Sanchez，2001；Petrick，2004）。个体的实际行为取决于行为意向，而行为意向又会受到主观规范、行为态度和感知行为控制的影响（Ajzen，1991）。

多数学者研究认为，满意度对购后行为意向有较大影响（Bignie、Sanchez 和 Sanchez，2001；Chen，2008；Chen 和 Tsai，2007；Choi 和 Chu，2001；Camarero，2008；Petrick 和 Backman，2002）。满意的客人会采取重访该地或者推荐给他人，或对该地表达些喜欢的评论进行口碑宣传（Reisinger 和 Turner，2003；Liu 和 Jang，2009）。基于此本书就民宿客满意度和行为意向的关系提出以下假设：

H6 民宿客满意度对行为意向有正向影响。

在前面假设的基础上，将体验视角下民宿客感知价值、满意度和行为意向关系的全部路径假设汇总，如表 2-10 所示。

表 2-10　研究假设明细

4E 体验对民宿客感知价值的影响假设
H1a 教育体验对民宿客功能感知价值有正向影响
H1b 教育体验对民宿客情感感知价值有正向影响
H1c 教育体验对民宿客社会感知价值有正向影响
H2a 审美体验对民宿客功能感知价值有正向影响
H2b 审美体验对民宿客情感感知价值有正向影响
H2c 审美体验对民宿客社会感知价值有正向影响
H3a 娱乐体验对民宿客功能感知价值有正向影响
H3b 娱乐体验对民宿客情感感知价值有正向影响
H3c 娱乐体验对民宿客社会感知价值有正向影响
H4a 逃避体验对民宿客功能感知价值有正向影响
H4b 逃避体验对民宿客情感感知价值有正向影响
H4c 逃避体验对民宿客社会感知价值有正向影响
感知价值对住宿客满意度的影响假设
H5a 民宿客功能感知价值对满意度有正向影响
H5b 民宿客情感感知价值对满意度有正向影响
H5c 民宿客社会感知价值对满意度有正向影响
民宿客满意度对行为意向的影响假设
H6 民宿客满意度对行为意向有正向影响

2.7 民宿客 4E 体验、感知价值、满意度和行为意向关系的假设模型

假设模型构建之前，应先探讨模型的适用性，找到与本书研究目的和研究对象相匹配的模型适用范围，以体现研究的科学性和实用性。

2.7.1 假设模型的适用范围

对于游客的感知价值、满意度和行为意向三者关系，尽管较多的学者从不同角度进行了实证研究，但本书基于 Pine 的体验经济理论对近些年中国发展迅速的非标准化酒店——民宿这一新型产业中的住宿客作为研究对象，探讨具有一定特长（或资源）和情怀的主人利用自有闲置房产或长期租用他人房产，营造的环境清幽、可达性强、有较强在地文化，能够为客人提供小规模、绿色、健康、有特色的住宿场所，住宿客在住宿过程中对民宿营造的 4E 产品从功能感知价值、情感感知价值和社会感知价值三个方面，以及与住宿客满意度和行为意向的关系。主要是现实中这些民宿客消费群体具有后现代消费倾向的、对价格不敏感和自身很有想法，探讨他们的消费倾向具有较强的现实意义。而这一消费群体的消费倾向集中体现在出游住宿不会选择成熟的标准化星级酒店，而是选择有一定规模和特色，且价格高出星级酒店的民宿作为入住的首选。本书研究样本主要选取这一群体。

2.7.2 假设模型构建

本书在前面文献回顾评述的基础上，依据 Pine 和 Gilmore（1999）提出的体验经济为理论基础，以经过 Oh、Fiore 和 Jeoung（2007）用 B 和 B 的住宿客验证后的教育体验、娱乐体验、审美体验和逃避体验 4E 体验为民宿住宿客的前因变量；以 Myers（1995）态度理论“认知—情感—行动”内容为指导，参考 Williams 和 Soutar（2009）经过实证验证的功能价值、情感价值和社会价值三个价值维度作为民宿客的潜在变量（认知）；参考应用 Oliver（1997）满意

度（情感）；参考应用 Yang（2017）、Cheung（2012）行为意向（行动）。在 Song、Lee、Park、Hwang 和 Reisinger（2015）以韩国禅修者为研究对象构建的 4E、功能价值、情感价值和满意度概念模型基础上，根据本书的研究目的和假设构建了民宿客 4E 体验、功能价值、情感价值、社会价值、满意度和行为意向之间的作用关系，如图 2-5 所示。

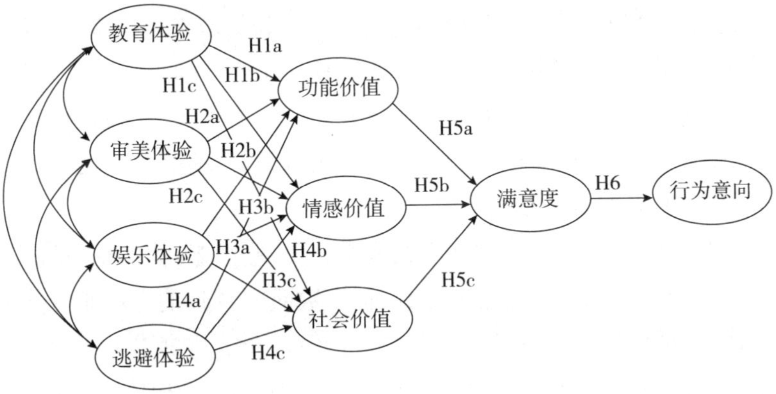

图 2-5　体验视角下民宿客感知价值、满意度和行为意向假设模型

2.8　本章小结

本书旨在探究在体验经济和场景消费的大背景下，后现代消费者在本书界定的民宿里住宿过程中，住宿客感知价值和满意度对其行为意向影响的过程。在解决该问题之前，需要先对与本书相关的文献进行全面系统梳理，目的是归纳前人与该主题相关的研究成果，发现该研究继续深化的必要性和价值。

基于体验经济理论的民宿客感知价值、满意度对其行为意向的影响过程是复杂的。在本章中，笔者从民宿、体验经济理论应用、感知价值、满意度和行为意向五个方面梳理了相关的文献，首先对民宿的相关研究进行了梳理，发现近几年随着后现代消费者消费习惯的改变，非标准化住宿业成为学术界研究的一个热门话题，特别是民宿。学者就民宿的产业现状、可持续发展、经营管理的科学性和经营者基本特征及从民宿客感知的角度对其行为趋向进行了相应研究，这些研究都是着眼于宏观层面的，缺乏从住宿客体验感知价值和满意度微观层面进行有益的探索，特别是在民宿客住宿过程中，Pine 的体验经济理论中 4E 在民宿中是如何体现的，住宿感知价值和满意度对行为意向，特别是社交媒体发达的今天，口碑推荐对民宿经营会有怎样的影响等问题值得深入探讨。

其次，对体验及体验经济理论进行了文献梳理，国内外学者从知觉现象学、生命现象学、生活现象学、实用主义、美学等视角全面阐述了体验的内涵，体验具有主观性、情境性和互动性的特点。体验经济理论的构成是教育体验、审美体验、娱乐体验和逃避体验，核心是营造，体验会产生功能价值、情感价值和社会价值，国内外学者就 4E 体验的维度对感知价值的影响在不同行业进行了实证分析，但对单体民宿应用 4E 要素进行分析民宿客体验质量的相关研究还比较少，民宿是一个体验度较高、产品和服务差异化强的产品，有必要运用体验经济中的 4E 要素进行研究。

再次，在对顾客感知价值的文献回顾中，发现感知价值的构成维度多元复杂，研究对象不同，构成维度也有所差异，但多数研究者归纳为功能价值（质量、品牌、价格）、情感价值、社会价值和新奇价值，介于本书以民宿为研究对象，认为本书的感知价值维度为功能价值（质量）、社会价值和情感价值；同时发现顾客感知价值会正向影响顾客满意、顾客忠诚、行为意向。但由于顾客感知价值的构成维度视研究对象不同而有所差异，会导致对顾客满意、顾客忠诚和顾客行为意向等结果变量影响有所不同的结论。从体验的视角出发，顾客体验价值在 Pine 提出的 4E 要素 /4E 体验的影响下，对住宿客满意和行为意向发挥了重要的桥梁作用，而感知价值的结构维度划分存在差异，感知价值是如何在 4E 作用下发挥具体作用的尚不明确，这就为本书目标的确立和研究思路的展开提供了较好的视角。而且现有文献中围绕体验价值展开的研究涉及娱乐休闲、体育、百货零售、网络购物、奢侈品和旅游等各种服务业，但缺乏对非标准化酒店的典型代表——民宿进行深入研究，特别是针对中国的具有在地性的民宿，缺乏相关研究，认为有必要进行规范的实证研究。

同时对满意度的相关研究进行了回顾，给出了满意度的概念和影响满意度的因素及其测评模型，本书认为宾客满意度是宾客期望与感知差距权衡后的心理反应，具有综合性和动态性。满意只是宾客的一种暂时心理状态，它必然会反映到宾客的行为当中，是宾客后续行为的重要前因变量。住宿客在体验经济视角下，民宿的哪些要素会影响民宿客的满意度需要进一步研究。

最后，通过对行为意向的文献梳理，发现满意度是住宿客行为意向的重要前因变量。行为意向是消费者在消费体验后，对于体验的相关产品、服务或对提供产品或服务的企业可能采取的一种积极或消极的态度。衡量这种态度的维度有重复购买、口碑推荐、抱怨警示和品牌转换。但在社交媒体发达的今天，住宿客通过移动平台的照片分享，感知评价等直接或间接的口碑宣传等行为意向是一个新命题，通过行为意向的文献梳理进一步明确了将住宿客行为意向作为本书的研究结果变量的依据和意义。

在文献回顾的基础上提出本书三个层面的16个研究假设，并对其理论依据进行了回顾和分析，并构建了假设模型。

3 研究方法与设计

基于本书的研究目的拟采用定量与定性研究相结合的方法，在整个研究过程中两种方法相互结合，互为辅助。以定性研究为基础，构建研究理论框架、假设模型、修订量表，进而分析原因，提出对策；以定量研究为主要手段，进一步科学地测量指标、验证理论假设与理论推断。通过前期定性研究奠定理论基础，中期定量研究验证理论假设与理论推断，以及中后期定性与定量相互组合，通过推理、归纳、总结、判断等方法深度分析量化研究数据，进而形成科学的理论判断与理论预测，提出可行建议与措施，深化本书的理论深度与实践应用的有效性、针对性。

3.1 研究变量定义及衡量

依据民宿客体验消费、住宿客感知价值、满意度和行为意向的相互关系，民宿客体验消费为前因变量，有四个测量变量，分别为教育体验、娱乐体验、审美体验和逃避体验；感知价值和满意度为潜变量，感知价值有三个测量变量，分别为功能价值、情感价值和社会价值，满意度不做进一步分项；民宿客行为意向为模型的最终内生变量，不做进一步分类。为了使各变量更加具有统一性、更贴近研究主题，现对各变量进行操作性定义并设置测量问项。

3.1.1 民宿客体验消费各变量操作性定义及测量

Pine 和 Gilmore（1999）认为，体验是一个人心理、生理、智力和精神处于高度刺激状态时形成的，其结果必然导致每个人都不会产生与他人相同的体验，每一种体验都源于被营造事件和体验者前期的精神、存在状态之间的互动，并可回忆，包含教育体验、娱乐体验、审美体验和逃避体验四种。

3.1.1.1 教育体验（Education Experiences）

（1）操作性定义。游客通过积极主动参与旅游活动，使自己提高知识或技能水平（Pine 和 Gilmore，1999）。积极的教育经验可以吸引消费者的心灵和学习新事物的愿望（Hosany 和 Witham，2010）。Boswijk、Peelen、Olthof 和 Beddow（2012）认为，学习可以带来有意义的经历。然而，这些体验可能会因访问者的需求和兴趣而有所不同（Packer 和 Ballantyne，2002）。但学习作为一种消费者动机不管何种旅游都存在（Fountain 和 Charters，2010；Getz 和 Carlsen，2008）。通过教育经验，游客可以在目的地观看在他面前展开的活动，同时通过心灵和 / 或身体的互动参与增加他们的技能和知识（Oh、Fiore 和 Jeoung，2007）。

（2）本书拟采用以下题项测量民宿客教育体验这一变量，如表 3–1 所示。

表 3–1 民宿客教育体验测量量表

变量名称	操作问项	来源
教育体验	这次体验使我知识更丰富	Oh、Fiore 和 Jeoung、（2007）；Hosany 和 Witham（2010）；Song 等（2015）；Radder（2015）；Mehmetoglu 和 Engen（2011）
	这次体验让我学到很多知识	
	体验激发我探索新知识的欲望	
	这是一次真正学习的体验	

3.1.1.2 娱乐体验（Entertainment Experiences）

（1）操作性定义。娱乐反映了体验经济模型的被动 / 吸引维度，主要是表演者吸引宾客的注意力，它提供了最古老的体验形式，也是当今商业环境中最发达、最常见和最令人熟悉的的体验形式（Pine 和 Gilmore，1999）。娱乐体验通常发生在人们被动地观察别人的活动或表演的时候（Manthiou、Lee、Tang 和 Chiang，2014）。娱乐体验一般在观赏表演、听音乐和阅读等休闲活动时产生，营造这种体验要求以产品能够吸引顾客的注意力为前提（Oh、Fiore 和 Jeoung，2007）。当这种重叠发生时，就称为寓教于乐（Pine 和 Gilmore，1999）。娱乐体验成为衡量旅行的结果“有趣”与否的重要指标（Crick–Furman 和 Prentice，2000）。

（2）本书采用以下题项测量民宿客娱乐体验这一变量，如表 3–2 所示。

表 3-2　民宿客娱乐体验测量量表

变量名称	操作问项	来源
娱乐体验	这家民宿的他人行为激发了我的观看欲望	Oh、Fiore 和 Jeoung（2007）；Hosany 和 Witham（2010）；Song 等（2015）；Radder 和 Han（2015）；Mehmetoglu 和 Engen（2011）
	我完全沉浸在他人的表演当中	
	我很享受观看他人所做的一切事情	
	这家民宿的他人行为给我带来快乐	

3.1.1.3　逃避体验（Escapist Experiences）

（1）操作性定义。完全沉浸在自己主动参与的事件中，而高于娱乐体验和教育体验的一种状态（Pine 和 Gilmore，1999）。逃避体验是高度沉浸其中的消费者全神贯注于不同的时间或地点（Quadri-Felitt 和 Fiore，2013）。它是个人全神贯注地沉浸在某一活动中的程度，这种体验环境通常是人为活动，如电子游戏、网上聊天或一些更刺激、冒险的活动，这种体验不但能让他们忘记悲哀忧愁，而且能发现一个真实的自己（Kubey 和 Csikszentmihaly，1990）。游客可能想逃离他们的惯常环境，来暂停其所在现实生活中的行为，从不同角度思考他们的生活、社会规范和价值观（Cohen，1979）。

（2）本书采用以下题项测量民宿客逃避体验这一变量，如表 3-3 所示。

表 3-3　民宿客逃避体验测量量表

变量名称	操作问项	来源
逃避体验	在这家民宿我判若两人	Oh、Fiore 和 Jeoung（2007）；Hosany 和 Witham（2010）；Song 等（2015）；Radder 和 Han（2015）；Mehmetoglu 和 Engen（2011）
	我很喜欢在不同的时间和地方生活	
	在这家民宿的体验使我遐想别人的生活状态	
	在这里我有种与世隔绝的感觉	

3.1.1.4　审美体验（Esthetic Experiences）

（1）操作性定义。指游客通过身临其境感受身边的真实，对周遭环境的美学解释（Pine 和 Gilmore，1999）。这种体验营造可以是完全自然环境，也可以是以人为主，或者二者兼有，但前提是真实，而非伪造。审美体验需要沉浸在感官环境中（Quadri-Felitt 和 Fiore，2013）。Bitner（1992）把这种周遭环境划分为环境条件、空间布局、功能三个维度，具体以标志、符号、艺术品加以体现。Urry（1995）认为，游客凝视的中心原则是直接的且基于对将其与日常生活分离开来的景观和城市景观特征的审美判断。审美体验增加了对游客的时间和金钱的竞争，以及物质环境在决定游客的态度、未来的惠顾意愿和推荐意愿方面起着重要作用（Bonn、Josephe-Mathews、Dai、Hayes 和 Cave，2007）。

（2）本书采用以下题项测量民宿客审美体验这一变量，如表 3-4 所示。

表 3-4 民宿客审美体验测量量表

变量名称	操作问项	来源
审美体验	我真切感到民宿的和谐之美	Oh、Fiore 和 Jeoung（2007）；Hosany 和 Witham（2010）；Song 等（2015）；Radder 和 Han（2015）；Mehmetoglu（2011）
	在这家民宿我待得很开心	
	这家民宿的环境非常平淡（反向编码）	
	这家民宿的环境设计很注意细节	

3.1.2 民宿客感知价值各变量操作性定义及测量

通过 2.3.2 中对顾客感知价值结构维度的梳理可以看出，感知价值维度有以 Csikszentmihalyi（1997）、Massimini 和 Carli（1988）为主的内省式感知价值维度和 Mathwick（2001，2002）、Holbrook（1999）情景关联式维度以及以 Maslow（1943）需要层次理论为基础的层次式感知价值结构维度。内省式感知价值和情景关联式感知价值测量模型都忽视了社会关系对顾客感知价值的影响。但鉴于层次式感知价值结构维度直观明了，易于进行量化操作，而且基于 Maslow 需求层次理论是一个完整而且贴合实际维度的划分，能准确反映民宿住宿客需求层次的不同感知价值，本书倾向于层次式感知价值测量维度。

国内外关于层次性感知价值应用研究成果中，最常提到的是功能性感知价值、情感性感知价值、社会性感知价值和价格价值（Sheth、Newman 和 Cross，1991；Lai，1995；Williams 和 Soutar，2000；Weeney 和 Soutar，2001；李建州和范秀成，2006；张凤超和尤树洋，2009；杨岑，2011；李江敏，2011；蒋婷，2012），此外，认知性感知价值也被一些学者作为一项重要的维度加以应用（Sheth、Newman 和 Cross，1991；Lai，1995；Williams 和 Soutar，2000；张凤超和尤树洋，2009；王刚，2015）。还有部分学者提出了情境性（条件性）感知价值，主要指顾客对感知到的消费情境中店内的灯光、音乐、气味、员工态度等所构成的店内气氛的评价（Mathwick、Rigdon 和 Malhotra，2001；Hsu 和 Tsou，2011；李江敏，2011），由于本书的空间在民宿，民宿的最大特点是在地性和家的感觉，因此情感的营造成为一家有文化、有内涵民宿关键元素，也是吸引顾客的重要因素；另外民宿有别于一般住宿设施，客人选择民宿的主要原因在于主客互动，家的感觉，新奇，共享经济精神和当地真实性，价格和当地便利性不是考虑的主要因素（Guttentag、Smith、Potwarka 和 Havitz，2018），因此本书依据 Williams 和 Soutar（2009）提出的功能价值、价格价值、情感价值、社会价值和认知性或者新奇性价值，提出本书的体验价值维度除了价格价值和新奇性价值不当作变量进行研究外，其他三个（功能价值、情感价值和社会价值）为感知价值的结构维度。

原因在于一个产品能否感知，先看该产品是否是体验产品，而判断产品是体验产品的三个条件是：小众需求；传送情感；激励宾客全身心参与或沉浸于其中（Sullivan 和 Spangler，1998）。民宿是小众需求，民宿经营特殊性在于好客热情的主人以及主客间良好情感互动（庄竣安、林士杰和吴宗优，2012）。店家与顾客间在互动过程中，能够创造一种舒适环境，并能产生相互了解的亲切和谐关系，并让客人完全沉浸在该产品中（Gremler 和 Gwinner，2000）。因此看民宿是否体验产品，传统住宿业程序化的设计和产品的同质化导致旅游产品商品化现象严重，体验是阻止这一产品商品化的最佳方式（Pine 和 Gilmore，1999）。顾客选择入住哪家旅馆，不是因为旅馆的设备设施，而是期望从住宿体验过程中获得难忘的回忆（Wilensky 和 Buttle，1988；Kwortnik，2003；Cai 和 Hobson，2004）。可见，情感体验价值、功能体验价值和社会价值对民宿住宿客的重要性。

3.1.2.1 功能感知价值（Quality Value，QV）

（1）操作性定义。指顾客从物体的功能、功利或物理表现的能力中获得的感知效用（Sheth、Newman 和 Gross，1991）。产品效用源于产品的感知质量和预期性能（Sweeney，2001）。是旅游者选择消费旅游产品的主要驱动力，它通常被概念化为收到旅游产品效用或物有所值的货币价格上（Woodruff，1997）。常见的功能价值属性包括质量、可靠性、耐用性和价格；在旅行中看到的景点数量、旅游的准时表现、座位舒适度、价格和安全性（Williams 和 Soutar，2009）。质量的含义与主观和客观属性有关，它可以是多种多样的。

（2）本书采用以下题项测量民宿客功能感知价值这一变量，如表 3–5 所示。

表 3–5 民宿客功能感知价值测量量表

变量名称	操作问项	来源
功能感知价值	这家民宿质量始终如一	Sheth、Newman 和 Gross（1991）；Sweeney 和 Soutar（2001）；Williams 和 Soutar（2009）；Song 等（2015）
	与其他住宿产品相比这家民宿有较高的性价比	
	这个结果是我期望的	
	这家民宿组织严密	

3.1.2.2 情感感知价值（Emotional Value，EV）

（1）操作性定义。产品或服务唤起情感或情绪状态的能力（Sheth、Newman 和 Gross，1991）。感知价值源自产品产生的感受或情感状态（Sweeney，2001），顾客在体验过程产生的一种情感宣泄或回忆（Pine 和 Gilmroe，1999）。从体验的角度来看，消费者从消费中寻求功能性和情感上的满足（Holbrook 和 Hirschman，1982）。情感体验是住宿客在住宿体验过程中，促使其对自发性参与事物或活动而引起的强烈的自豪感和快乐情绪。

（2）本书采用以下题项测量民宿客情感感知价值这一变量，如表 3–6 所示。

表 3–6 民宿客情感感知价值测量量表

变量名称	操作问项	来源
情感感知价值	在这家民宿住得很愉快	Sheth、Newman 和 Gross（1991）；Sweeney 和 Soutar（2001）；Williams 和 Soutar（2009）；Songd 等，（2015）
	在这家民宿住得很爽	
	在这里住宿使我兴奋	
	我很享受在这家民宿待的过程	

3.1.2.3 社会感知价值（Social Value，SV）

（1）操作性定义。从另一种与一个或多个特定社会群体的关联中获得的感知效用（Sheth、Newman 和 Gross，1991），源于产品增强社会自我概念的能力（Sweeney，2001）。选择高度可见的产品（如衣服、珠宝）和与他人共享的商品或服务（如礼品、娱乐中使用的产品）通常具有社交的特性，在旅游中，如游客间、游客与导游间的互动以及从旅行中获得的个人认可或声望等因素可以创造社会价值（Williams 和 Soutar，2009）。民宿是一种小众住宿业态，民宿客是有一定经济实力、社会地位、身份和阶层的具有后现代消费特征的人，社会感知价值在其体验中凸显。

（2）本书采用以下题项测量民宿客社会感知价值这一变量，如表 3-7 所示。

表 3-7　民宿客社会感知价值测量量表

变量名称	操作问项	来源
社会感知价值	我认识的很多人入住过这家民宿	Sheth、Newman 和 Gross（1991）；Sweeney 和 Soutar（2001）；Williams 和 Soutar（2009）；Song 等（2015）
	入住这家民宿有一定的水平	
	朋友很羡慕我入住这家民宿	
	使用这家民宿的服务改善了其他人对我的看法	

3.1.2.4　民宿客满意度

（1）操作性定义。客户满意度是消费者牺牲和获得之间的权衡，是消费体验立即产生的总体心理状态（Oliver，1997），是游客期望与体验相比较的结果（Pizam，1978）。

（2）本书采用以下题项测量民宿客满意度这一变量，如表 3-8 所示。

表 3-8　民宿客满意度测量量表

变量名称	操作问项	来源
满意度	这家民宿超过了我的预期	Oliver（1997）；Williams 和 Soutar（2009）；Lee（2011）；Song 等（2015）
	对这家民宿的一切我都很满意	
	选择入住这家民宿是明智之举	
	对这家民宿我有一种美妙的感觉	

3.1.2.5　民宿客行为意向

（1）操作性定义。行为意向是意志行为的动机，是态度和主观规范的外在表现（Fishbein 和 Ajzen，1795）。是消费者在消费体验过程中或体验后，对于体验的相关产品、服务或由提供者营造的服务场景等感知后可能采取的行为（Engel、Blackwell 和 Miniard，1995；Bigne 和 Sanchez，2001）。

（2）本书采用以下题项测量民宿客行为意向这一变量，如表 3-9 所示。

表 3-9 民宿客行为意向测量量表

变量名称	操作问项	来源
行为意向	我会主动向别人介绍这家民宿	Engel、Blackwell 和 Miniard（1995）；Lee 等（2008）；Grappi 和 Montanari（2011）；Prayag 等（2017）
	我会发布这家民宿的信息在媒体上	
	与其他民宿相比，这家民宿是我入住的首选	

以上测量均采用 Likert 的 7 分量表进行打分，具体是：非常不同意（1），不同意（2），有点不同意（3），一般（4），有点同意（5），同意（6），非常同意（7）。

3.2 基于半结构访谈的问卷设计

陈向明（2017）认为，访谈是带有某种目的的研究性对话，可以分为结构性访谈、半结构访谈和无结构访谈。本书根据研究目的和研究内容，采用半结构访谈。半结构访谈是有着明确主题和粗线条的提纲而进行的非正式的访谈（陈向明，1996）。笔者根据研究内容事先列出访谈提纲向受访者提问，并根据谈话过程灵活调整访问的程序和谈话的内容。在访谈过程中，运用观察、访谈等方法，在征得被访谈对象意见的前提下，借用录音或者录像设备获得描述性资料，并随时记录关键性词语和观点。为了确保访谈内容的有效性，访谈由研究者本人携带相关设备，在与访谈对象充分沟通并征得同意后进行。

3.2.1 访谈目的和对象

本书的访谈目的在于：①从住宿客感知的角度对所住民宿提供的产品和服务在 4E 方面的认知—情感—行为的过程和结果的认识进行探讨；②本书量表源于国外相关研究成果，由于研究对象和文化差异，以及翻译语句的“信、达、雅”考虑，通过访谈了解受访者对所翻译量表维度分类的理解和测量题项的意见。如测量题项表达是否易懂、问项种类及形式安排是否恰当、问项长度及顺序是否科学、描述是否准确，是会否产生歧义，测量题项是否存在多余或不足，填写问卷时间能否接受。通过对访谈资料的整理，对本书的相关题项内容做进一步的修订。

本书的访谈是在笔者所在地——泉州，于 2018 年 6~7 月进行的，期间访谈了 5 位大学生（旅游管理专业）、5 位大学教授（华侨大学英语专业 1 位、香港理工大学旅游管理专业 2 位、美国尼亚加拉大学和南卡罗纳大学旅游管理专业各 1 位）和 5 家民宿的 10 位民宿客。

3.2.2 访谈内容

访谈内容。访谈内容主要围绕问卷的翻译准确性、表达是否清晰全面和民宿客 4E 体验主题展开，内容由研究者自己根据研究需要并征求相关专家学者而定：

问题一：您认为本问卷构建的 4E 体验、感知价值、满意度和行为意向概念模型能否比较清晰地被理解？

问题二：您认为本问卷的 4E 体验、感知价值、满意度和行为意向几个维度能否足够检验您的住宿体验、消费？

问题三：您认为各个构面的测量问项是否表达准确、合理、完整，您能否清楚理解每个问项？

问题四：您认为填写问卷时间（15~20 分钟）是否能够接受？

问题五：民宿本身的故事性是否是您选择一家民宿的主要原因？

问题六：您认为主人文化在民宿中重要吗？体现在哪几个方面？

3.2.3 访谈结论

通过半结构访谈，更清晰地认识了民宿客体验过程和体验结果感知情况，弄清了民宿客对本书所提出的概念模型及该模型各变量维度组成、测量量表的具体意见，具体归纳为：

（1）本书的概念模型得到初步认可。被访者认为，民宿 4E 体验元素越丰富，对其民宿客感知价值会产生更积极的影响，并提高其对该民宿的满意度，进而会影响其行为意向。特别是能给民宿客带来一些美好享受和回忆的住宿体验，该民宿客就可能再次入住这家民宿或推荐给其他客人。民宿客对住宿整个体验过程的访谈表明，民宿客总体认可本书的研究框架和一些变量设计。

（2）提出调研问卷的题项修正意见。受访者对于本书问卷的总体设计、测量题项翻译、题项一定程度的重复等问题提出了相应的建议。特别是由于中西方语言差异及根据研究对象的不同，题目应该有所变化，让被访者更容易接受。研究者在访谈的过程中详细记录下了受访者描述 4E 体验时所使用的语言及表情，进而为量表的修正提供保障。基于此，研究者进一步与相关专家商讨调研问卷的翻译，确保表达的准确性和完整性。访谈前后量表对照，如表 3–10 所示。

3–10　定性分析结果与量表比较

初次量表翻译	专家意见	修订后量表
这次体验使我知识更丰富	建议用主动语态更容易让人接受	这次住宿体验丰富了我的知识
这次体验让我学到很多知识	建议“知识”去掉	这次住宿体验使我学到了很多
体验激发我探索新知识的欲望	—	这次住宿刺激了我学新事物的好奇心
这是一次真正学习的体验	词汇翻译应符合中国语境	这是一次真正的学习经历
我真切感到民宿的和谐之美	具体化这家民宿	我感受到这家民宿真正的和谐之美
在这家民宿我待得很开心	—	我在这家民宿住得很愉快
这家民宿的环境非常平淡（反向编码）	不建议反向编码，容易引起误解，且不利于统计	这家民宿的环境很吸引人
这家民宿的环境设计很注意细节	民宿讲求情景	这家民宿的情景营造很注重细节
他人行为激发了我对这家民宿的观看欲望	体现娱乐性	民宿内其他人的活动乐趣无穷
我完全沉浸在他人的表演当中	体现体验的被动性	民宿内其他人的表演令人陶醉
我很享受观看他人所做的一切事情	喜欢而非享受	我非常喜欢看其他人正在做的事情
这家民宿的他人行为给我带来快乐	—	民宿内其他人的活动带给我享受
在这家民宿我判若两人	应通俗化	我觉得我在这里扮演了一个与以往不一样的角色

续表

初次量表翻译	专家意见	修订后量表
我很喜欢在不同的时间和地方生活	用时空更贴切	我像活在另一个时空
在这家民宿的体验使我遐想别人的生活状态	我变而非他人	在此住宿我感觉像换了个人
在这里我有种与世隔绝的感觉		在这使我完全逃离了现实
这家民宿质量始终如一	第一次体验不能判断以前质量	该民宿所用产品质量有讲究
与其他住宿产品相比这家民宿有较高的性价比	强调功能质量	该民宿服务、产品都很棒
这个结果是我期望的	具体化	认可该民宿的产品质量标准
这家民宿组织严密	形象描述更好	该民宿组织管理科学有序
在这家民宿住得很愉快	“爽”，容易引起歧义	在此住宿有种幸福的感觉
在这家民宿住得很爽		在此住宿令人激动不已
在这住宿使我兴奋	具体化	在此住宿令我欢欣鼓舞
我很享受在这家民宿待的过程		在此住宿有种愉悦感
我认识的很多人入住过这家民宿	比较中体现价值	入住这家民宿获得了别人的认可
入住这家民宿有一定的水平		入住这家民宿的人有一定水平
朋友很羡慕我入住这家民宿	应用书面语	朋友很羡慕我入住这家民宿
使用这家民宿的服务改善了其他人对我的看法		入住这家民宿给别人留下深刻印象
这家民宿超过了我的预期		这家民宿超过了我的预期
对这家民宿的一切我很满意		对我做出入住这家民宿的决定很满意
选择入住这家民宿是明智之举		入住这家民宿是我明智的选择
对这家民宿我有一种美妙的感觉	主动语态	这家民宿给我一种美妙的感觉
我会主动向别人介绍这家民宿	推荐内涵更丰富	我会将这次民宿体验推荐给其他人

续表

初次量表翻译	专家意见	修订后量表
我会发布这家民宿的信息在媒体上	应是正面信息	我会在社交媒体上发布该民宿的正面信息
与其他民宿相比，这家民宿是我入住的首选	简化语言	下一次还会选择入住这家民宿

3.2.4 问卷设计及测量方法

Bollen（1989）认为，问卷调查应尽量引用知名学者用过的具有效度的问卷，以减少无效测量变量的可能。本书的问卷问项全部源于文献，整体问卷由两部分构成：第一部分为问卷的主体部分，根据访谈内容对教育体验、审美体验、娱乐体验和逃避体验，以及功能价值、情感价值、社会价值、满意度和行为意向共 9 个变量的 35 个测量题进行了梳理，最终形成了 4 个题项测量教育体验（这次住宿体验丰富了我的知识……）；4 个题项测量审美体验（我感到这家民宿真正的和谐美……）；4 个题项测量娱乐体验（民宿内其他人的活动乐趣无穷……）；4 个题项测量逃避体验（我觉得我在这里扮演了一个与以往不一样的角色……）；4 个题项测量功能价值（该民宿所有产品质量稳定……）；4 个题项测量情感价值（在此住宿有种幸福的感觉……）；4 个题项测量社会价值（入住这家民宿获得了别人认同……）；4 个题项测量满意度（这家民宿超过了我的预期……）；3 个题项测量行为意向（笔者会将这次住宿体验推荐给其他人……）。第二部分为受访者个人信息，共 8 题，分别包含性别、年龄、来源地、职业、受教育程度、可自由支配收入、谁陪来和选择这家民宿的信息来源。

根据研究目的，本书采用发放问卷的方式进行调查，以获取相应的实证分析数据。Bollen（1989）认为，测量变项应尽量采用李克特（Likert）7 点尺度量表衡量。SEM 执行时共变关系会越容易观察，残差独立的概率会大幅提高，共变矩阵之间的相似性就越低，分析的结果就越接近预期（张伟豪，2012）。本书采用李克特（Likert）7 点尺度量表衡量，其中，1=“非常不同意”、2=“不同意”、3=“有点不同意”、4=“一般”、5=“有点同意”、6=“同意”、7=“非常同意”。受访者直接在选项处打“√”。

3.3 预调研

3.3.1 预调研的标准

尽管根据专家、民宿客和专业学生的访谈意见对源于文献的问卷进行了相应的修正，问卷有了一定的内容效度或逻辑效度，但在发放正式问卷之前，为了保证量表能够精确地测量变量，进一步确认问卷是否还存在语意表达不清或易引起歧义的情况；难以理解无法回答，排版是否妥当等问题，更重要的是了解问卷是否有鉴别力，受试者回答是否会集中在一个答案上，造成变异太小，出现题目没有适当的鉴别力，出现该种情况需通过删除题目，达到精简问卷的目的，主要通过项目分析，进一步提高问卷的内容效度（张伟豪，2012）。而对测量题项的评估，李怀祖（2004）认为，主要通过信度（Reliability）和效度（Validity）两个指标来衡量。

3.3.2 预调研样本选取和收集

吴明隆（2000）认为，预试样本数应是测量项的 3~5 倍，本书共 35 个测量项，预试样本最好在 100~180。介于预调研的目的主要是进一步确认问卷的内容效度、信度和结构效度、区隔效度，因此采用方便性抽样，在笔者所在地——泉州，由笔者带领 5 位学生于 2018 年 6~7 月的几个周末（民宿一般只有周末才有客源）在泉州容驿艺廊、无计民宿、在野民宿、故鲤小墅和百源清池边的 Lynne 家 5 家民宿共发放 120 份问卷，由于采取一对一当面发放，当面填写，120 份问卷全部收回，但有 13 份问卷由于客人信息不完整或集中在一个答项上，因此认定为无效问卷，有效问卷共 107 份。

问卷收集后，通过 SPSS20.0 进行数据录入，并进行项目分析和信效度检验，进一步优化测量问项，以便形成正式调研问卷。

3.3.3 预调研样本数据分析

3.3.3.1 项目分析（内容效度）

张伟豪（2012）认为，在变异数相等的 Levene 鉴定中，若 F 鉴定未超过 4，表示未达显著，即 P 大于等于 0.05，表示该变量高低分群变异数相等（同质），再看平均数相等的 t 检定；值若超过 1.96，显著性（双尾），就小于 0.05，表示结果达显著，高低分群有差异，该题目有鉴别力，应予以保留。从表 3–11 可以看出所有构面的平均数相等的 t 检验达显著，进一步表明源于文献的问卷各个测量项有较好的内容效度，因此所有问卷问项保留，可以做实际实测题目。

表 3–11　项目分析

年份	平均数相等的 t 检定						
	t	df	Sig.	均值	标准误	置信区间	
						下限	上限
EDU1	–6.094	15	0.000	–2.444	0.401	–3.299	–1.589
EDU2	–6.411	15	0.000	–2.111	0.329	–2.813	–1.409
EDU3	–7.610	15	0.000	–2.111	0.277	–2.702	–1.520
EDU4	–4.998	13	0.000	–1.708	0.342	–2.445	–0.971
ESTE1	–5.211	15	0.000	–1.111	0.213	–1.566	–0.657
ESTE2	–3.487	15	0.003	–1.319	0.378	–2.126	–0.513
ESTE3	–4.870	15	0.000	–2.792	0.573	–4.013	–1.570
ESTE4	–3.980	15	0.001	–1.194	0.300	–1.834	–0.555
ENTE1	–6.364	12	0.000	–2.571	0.404	–3.452	–1.691
ENTE2	–4.123	12	0.001	–2.429	0.589	–3.712	–1.145
ENTE3	–3.537	12	0.004	–2.000	0.565	–3.232	–0.768
ENTE4	–12.247	12	0.000	–2.857	0.233	–3.365	–2.349
ESCE1	–4.595	19	0.000	–1.933	0.421	–2.813	–1.052
ESCE2	–6.110	19	0.000	–2.154	0.353	–2.892	–1.416
ESCE3	–5.285	19	0.000	–2.115	0.400	–2.953	–1.278
ESCE4	–3.304	10	0.002	–.933	0.613	–2.307	–0.278
QV1	–11.314	14	0.000	–2.000	0.177	–2.379	–1.621
QV2	–17.000	14	0.000	–2.125	0.125	–2.393	–1.857
QV3	–8.275	14	0.000	–1.875	0.227	–2.361	–1.389

续表

年份	平均数相等的 t 检定						
	t	df	Sig.	均值	标准误	置信区间	
						下限	上限
QV4	–3.326	14	0.005	–.0875	0.263	–1.439	–0.311
EV1	–7.293	13	0.000	–1.607	0.220	–2.083	–1.131
EV2	–6.177	13	0.000	–1.839	0.298	–2.483	–1.196
EV3	–12.798	13	0.000	–2.250	0.176	–2.630	–1.870
EV4	–6.705	13	0.000	–2.125	0.317	–2.810	–1.440
SV1	–10.592	13	0.000	–2.446	0.231	–2.945	–1.947
SV2	–6.450	13	0.000	–2.571	0.399	–3.433	–1.710
SV3	–5.104	13	0.000	–1.839	0.360	–2.618	–1.061
SV4	–5.751	13	0.000	–1.625	0.283	–2.235	–1.015
SAT1	–8.072	14	0.000	–2.095	0.260	–2.652	–1.539
SAT2	–17.185	14	0.000	–2.143	0.125	–2.410	–1.875
SAT3	–17.185	14	0.000	–2.143	0.125	–2.410	–1.875
SAT4	–9.811	14	0.000	–1.746	0.178	–2.128	–1.364
BI1	–3.028	18	0.007	–1.417	0.468	–2.400	–0.434
BI2	–3.578	18	0.002	–1.583	0.442	–2.513	–0.654
BI3	–7.589	18	0.000	–1.333	0.176	–1.702	–0.964

3.3.3.2 信度分析

信度（Reliability）是采用相同的方法重复测量同一对象，所得结果的一致性程度，信度越高说明指标的一致性越高（张伟豪，2012）。在对信度进行检验时，常用的检验是 Cronbach’s α 系数，一般认为量表各个构面和由各构面构成的总量表的 Cronbach’s α 系数在 0.6~0.7 的信度可接受，0.7 以上代表研究模式内部一致性良好（Fornell 和 Larcker，1981）。张伟豪（2012）认为，还要用纠正条目的总相关系数（CITC）来净化测量条目，净化后如果 CITC<0.5，且删除项目后 Cronbach’s α 值增加，则该问卷中这个构面的这个测量题项就应该从该测量问卷中删除掉。

依据信度分析标准，从表 3–12 可以看出教育体验、审美体验、娱乐体验和逃避体验所有测量项的 CITC 都在 0.6 以上，所有题项符合标准，因此保留问卷中的所有测量题项，同时教育体验、审美体验、娱乐体验和逃避体验的四个构面的 Cronbach's α 值 >0.8，说明具有较高的信度，表明 4E 体验的四个构面 16 个测量项构成的民宿客体验消费量表的内部一致性良好。

表 3-12　4E 体验量表的信度分析

研究变量	问项	CITC 值	删除项目后的 Cronbach's Alpha 值	4E 体验总量表的 Cronbach's Alpha 值
教育体验	EDUE1	0.834	0.917	0.929
	EDUE2	0.920	0.879	
	EDUE3	0.785	0.923	
	EDUE4	0.842	0.910	
审美体验	ESTE1	0.795	0.878	0.907
	ESTE2	0.784	0.882	
	ESTE3	0.838	0.864	
	ESTE4	0.746	0.895	
娱乐体验	ENTE1	0.701	0.875	0.888
	ENTE2	0.746	0.859	
	ENTE3	0.775	0.847	
	ENTE4	0.795	0.840	
逃避体验	ESCE1	0.687	0.872	0.883
	ESCE2	0.795	0.831	
	ESCE3	0.807	0.827	
	ESCE4	0.701	0.869	

依据信度分析标准，从表 3-13 可以看出功能价值、情感价值、社会价值所有测量项的 CITC 都在 0.6 以上，所有题项符合标准，保留所有题项，同时感知价值的三个构面的 Cronbach's α 值 >0.8，说明具有较高的信度，表明感知价值的 12 个问项构成的量表内部一致性良好。

表 3-13　感知价值量表的信度分析

研究变量	问项	CITC 值	删除项目后的 Cronbach's Alpha 值	感知价值总量表的 Cronbach's Alpha 值
功能价值	QV1	0.697	0.789	0.841
	QV2	0.861	0.710	
	QV3	0.805	0.739	
	QV4	0.675	0.732	
情感价值	EV1	0.775	0.894	0.907
	EV2	0.724	0.905	
	EV3	0.916	0.832	
	EV4	0.792	0.881	
社会价值	SV1	0.809	0.717	0.833
	SV2	0.688	0.780	
	SV3	0.600	0.815	
	SV4	0.675	0.826	

依据信度分析标准，从表 3-14 可以看出满意度测量项的 CITC 都在 0.7 以上，题项符合标准，保留所有题项，满意度的 Cronbach's α 值为 0.935，说明具有较高的信度，表明满意度构面的四个问项构成的量表内部一致性良好。

表 3-14　满意度量表的信度分析

研究变量	问项	CITC 值	删除项目后的 Cronbach's Alpha 值	满意度总量表的 Cronbach's Alpha 值
满意度	SAT1	0.779	0.945	0.935
	SAT2	0.933	0.887	
	SAT3	0.887	0.902	
	SAT4	0.837	0.926	

依据信度分析标准，从表 3-15 可以看出行为意向测量项的 CITC 都在 0.6 以上，所有问项符合标准，理论上所有题项应保留，行为意向的 Cronbach's α 值为 0.789，具有较高的信度，表明行为意向量表具有良好的内部一致性。

表 3–15 行为意向的信度分析

研究变量	问项	CITC 值	删除项目后的 Cronbach's Alpha 值	行为意向总量表的 Cronbach's Alpha 值
行为意向	BI1	0.715	0.620	0.789
	BI2	0.740	0.584	
	BI3	0.872	0.883	

3.3.3.3 探索性因子分析

检验量表的建构效度时，研究者通常会采用因素分析法，与其他研究一样，本书根据研究情况，拟采用探索性因子分析（EFA），在该方法中，研究者主要通过 KMO 样本测度和 Bartlett 球形检验两种方法。通常情况下，KMO 值越接近 1，越适合做因子分析，如果 >0.5 为进行因子分析的可接受水平，≥ 0.7 时适合进行因子分析，≥ 0.9 时，非常适合因子分析（吴明隆，2012）。

通过上面的信度分析，在教育体验、审美体验、娱乐体验和逃避体验变量进行分析后，源于文献的 16 个题项全部保留，接下来对这 16 个题项进行因子分析，进而判断题项间是否存在相关性，是否调整，从而确保该量表良好的结构效度。本书通过主成分分析（Principal Component Analysis，PCA），经 Varimax 旋转，提取特征值（Eigenvalue）>1 的因子，进行分析。如表 3–16 所示，KMO 统计量为 0.636，说明可以进行因子分析，Bartlett 球形检验，P<0.001，拒绝单位相关阵的原假设，也表明适于因子分析；提取的因子中前 4 个因子的特征值 >1，而且所有公因子对因变量的合计影响力为 79.971%，大于 50%，表明所提取的 4 个因子能够很好地解释本书的测量变量。通过最大变异法直交旋转后，4E 体验中的 16 个测量项分别归属于 4 个因子，而且各测项的因素负荷量均 >0.5，达到规定要求的效度检验标准。根据因子分析的结果，体验经济中 4E 体验由 EDUE、ESTE、ESCE 和 ENTE 4 个因子组成，每个因子包含 4 个测量题项。

表 3–16 4E 体验 KMO 和 Bartlett 的检验

取样足够度的 Kaiser-Meyer-Olkin 度量		0.636
Bartlett 的球形度检验	近似卡方	325.198
	df	120
	Sig.	0.000

通过对功能价值、情感价值和社会价值三个变量进行信度分析后，源于文献的 12 个题项全部保留，接下来对这 12 个题项进行因子分析，通过因素分析来判断这些题项有多少还需要修正、判断在这些题项中是否还有其他相关因子存在，目的是确保源于文献量表的结构效度良好。本书采用主成分（PCA）方法进行分析，经 Varimax 转轴后，提取特征值（Eigenvalue）>1 的因子，进行 PVA 素分析。如表 3–17 所示，KMO 为 0.752，表明可以进行 PVA 分析，Bartlett 球形度检验，P<0.001，即拒绝单位相关阵的原假设，也表明适于 PVC 分析；所提取的因子中前三个因子的特征值 >1，而且所有公因子对因变量的合计影响力为 80.775%，大于 50%，表明提取的因子能够很好地解释本书的测量变量。通过最大变异法直交旋转后，感知价值的 12 个测量项分别归属 3 个因子，而且各测项的因素负荷均 >0.5，达到通常规定的效度检验标准。可以判断这个感知价值由功能价值、情感价值和社会价值 3 个因子组成，每个构面由 4 个测量题项组成。

表 3–17　感知价值 KMO 和 Bartlett 的检验

取样足够度的 Kaiser-Meyer-Olkin 度量		0.752
Bartlett 的球形度检验	近似卡方	233.020
	df	66
	Sig.	0.000

满意度的 4 个测量题项进行信度分析后，源于文献的 4 个题项全部保留，接下来对这 4 个题项进行分析，通过因素分析来判断这些题项有多少还需要修正、判断在这些题项中是否还有其他相关因子存在，目的是确保源于文献量表的结构效度良好。本书采用主成分（PCA）方法进行分析，经 Varimax 转轴后，提取特征值 >1 的因子，进行 PCV 分析。如表 3–18 所示，KMO 为 0.788，可以进行 PVC 分析，Bartlett 球形度检验，P<0.001，拒绝单位相关阵的原假设，也表明适于 PVC 分析；提取的因子中前一个因子的特征值 >1，而且所有公因子对因变量的合计影响力为 85.1%，大于 50%，说明提取的满意度的各个因子能够很好地解释满意度这一变量。且每个测量项的因素负荷量均 >0.5，达到通常规定的效度检验的标准。由此断定这个因子与本书所指的满意度相一致，且本书源于文献的 4 个测量满意度题项也是该因子的构成。

表 3-18 满意度 KMO 和 Bartlett 的检验

取样足够度的 Kaiser-Meyer-Olkin 度量		0.788
Bartlett 的球形度检验	近似卡方	100.416
	df	6
	Sig.	0.000

行为意向的 3 个测量题项进行信度分析后，源于文献的 3 个题项全部保留，接下来对这 3 个题项进行分析，通过因素分析来判断这些题项有多少还需要修正、判断在这些题项中是否还有其他相关因子存在，目的是确保源于文献量表的结构效度良好。本书采用主成分（PCA）方法进行分析，经 Varimax 转轴后，提取特征值 >1 的因子，进行 PCV 分析。如表 3-19 所示，KMO 为 0.654，可以进行 PVC 分析，Bartlett 球形度检验，P<0.001，拒绝单位相关性的原假设，也表明适于 PVC 分析；提取的因子中前一个因子的特征值 >1，而且所有公因子对因变量的合计影响力为 70.959%，大于 50%，说明提取的行为意向的各个因子能够很好地解释行为意向这一变量。且每个测量项的因素负荷量均 >0.5，达到通常规定的效度检验的标准。由此断定这个因子与本书所指的行为意向一致，且本书源于文献的 3 个测量行为意向的题项也是该因子的构成。

表 3-19 行为意向 KMO 和 Bartlett 的检验

取样足够度的 Kaiser-Meyer-Olkin 度量		0.654
Bartlett 的球形度检验	近似卡方	23.620
	df	3
	Sig.	0.000

3.4 样本确定及数据收集

3.4.1 研究对象界定

本书的研究对象是有住宿经历的民宿客，由于无法通过表面判断调研对象为本书的研究对象，为了使抽样样本具有较好的信效度，通过两种方式保证研究对象的可靠性：一是笔者到选定的民宿住宿，对期间入住本民宿的客人进行问卷调查；二是通过笔者自己所拥有的资源委托其他民宿客人或组织者填写研究问卷。

3.4.2 抽样数量

定量样本抽样数量：对于问卷样本的数量，当前没有统一的标准，但是国内外学者基本赞同 SEM 的样本数应该在 250~500。Barrett（2007）认为，执行 SEM 如无特殊原因，一般均以内定的极大似然法进行，而极大似然法在样本大于 500 时，卡方值会出现严重膨胀，导致模型配适不佳，根据经验法则，样本数至少应该是模型变量的 5~8 倍。张伟豪和郑时宜（2012）认为，SEM 的样本数大于 200 并小于 500 是合理的。因此，本书根据各个省份民宿的拥有量和样本发放的便利性程度，正式问卷在海南、浙江、福建、广东、云南和广西分别发放 40 份、260 份、130 份、40 份、30 份、30 份，共计 530 份，预计有效问卷 450 份左右，以确保能够有效运用 SEM 分析方法进行后续的假设模型检验。

3.4.3 抽样方法及范围

由于研究对象是符合本书所定义的入住的民宿客，且民宿的经营性质决定了其时间具有周期性，通常周末或假期是入住较多的时间段，因此确定本次问卷发放时间为 2018 年 9~12 月，约 3 个月。为了保证研究问卷的回收率，多数由研究者亲自发放，实在有困难委托有一定民宿住宿经验的，且年平均入住民宿 10 次左右的民宿达人代为调研，或者委托在民宿圈内有影响力的相关组织，如民宿头条、民宿家等组织者帮助发放。

由于中国民宿分布广而多，从科学研究的实际情况出发，不可能也没必要对所有民宿进行调研，本书依据方便性原则，根据国家旅游局 2017 年 10 月 1 日正式实施的《旅游民宿基本要求与评价》中第三条第 3 款中民宿主人自营并参与接待，以及第七条第 3 款规定的单幢民宿客房数不超过 14 间的规定，本书根据中国专门以经营民宿而著名的小猪短租网络平台的综合评价 4.5 分的符合上述规定的民宿为研究着眼点，6 个省份的共 45 家民宿。云南丽江的阿诺康巴、松赞林卡、听花堂、玉庐雪嵩院、呼吸、花间堂（共 6 家）；浙江莫干山的芝麻谷、云溪上、三秋美舍、莫上隐、课间、莫干山居图和宁波的龙观禅娜、慈舍、心宿（共9家）；海南的骑楼还客1921、海上花、鹿饮溪、海的故事、森林客栈（共5家）；广东广州的慕吉、云溪山居、云所、菁木山舍、归觅、喜临院（共6家）；福建厦门鼓浪屿的迷途、迷屿、海角8号、1930咖啡馆、悠庭小别墅、美日阳光、娜娜、四角楼、爱屿、雅歌琴海庄园、简单生活、李家庄、画之廊、听涛小筑（共14家）；广西阳朔的喜岳、隐享、墨兰山舍、竹窗溪语、阿丽拉糖舍（共5家）。

每个调研区域的民宿分布民宿点简介如下：

喜岳：由七座独立又相邻的桂北民居组成，共有29间精致唯美的客房及餐厅、茶道、禅修、瑜伽、会议、儿童区。前院恬静雅致，后院花木扶疏；距离20元人民币背景地仅1千米，与著名的漓江盛景——黄布倒影相邻，举步可达山水甲天下的漓江，信游九马画山、老寨山、兴坪古镇等风景历史名胜。

隐享·玖号别苑：独具特色的空间美学，将高端精品酒店的服务理念与地方民居、民俗等人文特色完美融合，为人们打造欢乐而美好的人文休闲度假生活美学家的模式。轻奢民国风主题度假别苑，各具特色的客房在窗内即可将江景尽收眼底，楼顶的江景大露台，是阳光餐吧，提供创意私厨以及温馨早餐服务，可定制各种不同类型的主题Party。

阿丽拉糖舍：由一座废旧糖厂改造，取名“糖舍”，阿丽拉在梵语中为“惊喜”，是创始人Mark Edleson的初衷，该民宿抬眼就可以看到历史文化建筑或远眺漓江美景。贴近大自然的原纹木材具有自然韵味，开放的景观阳台是每间客房的亮点，落地窗将屋外的风景引入室内，采光、空间感都最大程度得以延伸，整个餐饮拥有钟灵毓秀的美感。

墨兰山舍：墨兰山舍古建文化住宿位于美丽的遇龙河景区内，是有着500多年历史的骥马古村。它经过三年多的精工细作，从一座座废墟旧明清古建筑修缮成一个雅致、古朴且具有中国古典文化特色的民宿。共有20间房，每间房都是清代风格，老式的金属门锁、糯米泥粉刷的墙面、老式壁画、柜子，甚至清代的服装。院子里是花园、竹林、小桥流水，幽静至极。还有盆栽、根艺、奇石，可谓一步一景。在院子里闲庭信步、喝茶赏花、回味历史，感受这忘我的情调。

竹窗溪语：山水禅生活首倡者。开窗是遇龙河畔，推门有田园山色，晨辉晚霞、蛙声鸟鸣、翠竹白鹭，空灵深远，欲说还休。生活需要张弛有度，切割忙碌的时光，和一群熟悉的人相约，游走于山水间、云霞处，将心灵放空，让自然沁透心脾。人生一场山水缘，心安当下，逃离都市丛林，在天地之间觅得一方安详，听风雨、听溪语、听禅语。

厦门鼓浪屿迷途：是一家坐落在海边的法式乡村居家住宿，地处鼓浪屿风景区，厦门海底世界旁，邻近龙头路小吃一条街，充满浓浓的异国风情，内设天台咖啡馆；阳光的午后，享受一份恬淡。每一个画面都充满鼓浪屿的味道。

海角 8 号：位于厦门鼓浪屿岛安海路，是一家古老的建筑楼（英华楼）翻新 E 的英华楼，东邻八卦楼（风琴博物馆），西接番婆楼，始建于 20 世纪初。旅馆开业时间为 2009 年 5 月 1 日，楼高 2 层，客房总数 16 间（套）。

1930 咖啡馆：是一家有地方特色的民宿，里面有一间小小的时尚咖啡厅。咖啡厅的装修温馨，登上天台，可以欣赏到对岸灯火通明的夜景，以及被灯光环绕的日光岩。咖啡品种不多，服务是 1930 咖啡馆主题民宿的特色。

悠庭小别墅：建于 1939 年的红砖欧式老别墅里，客房森林主题的布置温馨大气，距离龙头路、日光岩、菽庄花园都很近，步行可达。

画之廊：又称莫奈花园馆，原为毓园馆，是福建活版印刷术的创始人白登弼的别墅，后经白氏后人修葺，成了现在的画廊精品店。无论是装修摆设，还是器具画作，都是传统的欧洲风格，而莫奈则是全馆的灵魂所在。卧房清新明快，盥洗室的设计也别具一格，延续欧式精致。

美日阳光民宿：内部宽敞的空间体现着各种欧式情调，青青的草地，芬芳的花朵，典雅的田园沙发，精致的壁画，无处不散发着温馨、浪漫的气息。

四角楼民宿：位于鼓浪屿观景的最优地点，距世界名人馆仅 50 米，距轮渡码头仅步行 5 分钟。朝东而立，行至路口便可亲近海洋，可直接欣赏到对岸厦门岛的最美夜景，凌晨时分还可看到海上日出以及暮色之中挺拔的郑成功雕像。四角楼客栈是一栋清水砖外墙设计的独立小楼，有四种不同类型的房型。

简单生活：位于鼓浪屿永春路 35 号，在港仔后海滩和日光岩以及菽庄花园附近。占地面积为 300 平方米，设有观景露台和咖啡厅等。伴着涛声入睡，可以听着钢琴演奏回忆遥远的童年,可以在茶香与咖啡的典雅中体会惬意人生，享受属于自己的曼妙时光。

李家庄咖啡休闲民宿：建于 1903 年，后由爱国华侨李清泉先生买下，修缮后改名“李家庄”供其父安养。系欧式风格建筑，环境优雅，欧式风格的红砖主楼，主题房间格调各异。质朴淡雅的副楼，设施简约时尚。

听涛小筑：依山傍海，有着厦门最优质的海域，最细腻的沙滩，更与金门、大担、二担隔海相望，给人一种世外桃源的感觉。临近椰风寨、鼓浪屿、国际会展中心、观音山、五缘湾、胡里山炮台、厦大、南普陀寺、万石植物园等重要景点。

菁木山舍：占地30亩，依山傍水，位于双凤山脚下的上罗村，由一座50年前修建的学校改建而成。房子的装修，连里面的家具和装饰，都是民宿主自己做的。精致，文艺，朴素但不简单。用的是山泉水，有即开即热的热水，有采光良好的天窗，有景观台，上可观星，下可听水。

米社·莫上隐：位于广州从化温泉核心区米埗村，是著名的莫干山莫上隐民宿的田居产品。白墙黛瓦，纯朴幽静，竹子和麦秸的建筑装饰元素，凸显“回归生活本质”的设计内涵。青山绿水映衬下的50亩私家稻田，让米社与大自然浑然一体，农耕的体验和稻花的清香营造了天然的初心学院。米社设置了用五谷和丰登命名的风格不一的6间房，房间简朴却配置了所有亲肤用品和床品的五星级酒店品质，让环保的理念融入每一个细节。

湖庐：是艺术家胡赤骏历时20年打造的一个临湖生活艺术空间，是一处绝美的日落观景点，是广州以北从化流溪河国家森林公园深处的“桃花源”。随山间时令而不断变化的，所有的细节安排都是为了与自然共存，来到这里的人，将住进这样一个与土壤、山林、湖水同呼吸、共生长的建筑里，体验自然生活的快乐和艺术的本源。

慕吉云溪山居：设计概念为山、水、云、灵、禅，是由专业设计师精心打造的一个自然养心的民宿。由百年客家围屋庐江堂、私家院落仁山堂、乐水轩，三部分风格不同的设计型民宿错落有致分布而成。众山环绕，溪水潺潺，每个房间都被赋予十分诗意的名字，例如问山、梵音、扉影、花溪等，云心居的“听竹”，隔窗听竹，微风拂过，窗外的竹子沙沙响动，无意间拨动了旅客内心深处的悸动。

慕吉·云所：作为慕吉旗下的首家景区会所式概念民宿，坐落于风景优美的白水寨景区内，意在隐入山林，一日遁世，极简线条烘托出建筑结构感，建筑与自然连枝同气。一期建筑主体分为两层：一层主要作为客人活动区，涵盖餐饮、阅读、吉品售卖、休闲吧台、会议、多功能厅等综合功能。二层则为睡眠空间，包括客房、茶座、公共休闲区、观景露台等。顶楼是清吧休闲区。

喜临院：位于广州番禺区上漖村珠江边的喜临院，由一座具有30多年历史的上滘老船厂改造而成。在空间改造上，老船厂原有的建筑轮廓、工业痕迹和各式老物件被保留下来，旧时光与新构想跨时空交流，产生新碰撞。除了24间以节气命名的房间，还有一间名“年月”三面临江的VIP玻璃房。一层客房带有独立小庭院，二层的则都有江景阳台。有无边泳池、水岸沙滩，游艇，雪茄吧、天台吧、红酒滘、艺廊、会议室和泳池大平台。布局规划的多样性带给客人更丰富的空间体验：CHEF'S TABLE 主厨私人定制、名厨节气餐桌、企业年会、品牌发布、泳池派对、主题婚礼、艺术展演、酒店度假旅拍……更有多条游艇旅游路线供客户选择定制。

归觅：归觅是一个藏匿千年古都历史街区的尘心归宿，民宿的创始人蒋晓晖女士在过去 20 年一直坚守在环保领域，现在她把对环境保护的那份情怀转移到对历史文化传承的领域。“归觅”品牌，倡导品质生活，推广慢城生活，致力于在地文化与东方美学的传承，让大家“慢”下来，寻回初心，也希望归觅能成为大家心灵的归宿。民宿均有幸邀请具有同样情怀的本土设计师、国际知名设计大师——德国 IF 设计大奖获得者何永明老师主笔设计。这两个项目在商业运作上也突破了传统，采用复合业态经营，除了提供广州历史名城古街名片——西关民情民风的住宿体验，同时还将广府乃至岭南文化元素进行了融合。

鹿饮溪：位于海南文昌大庙村，椰林深处，大海之滨，在落成 4 个月内陆续获得 3 个国际大奖。老宅分为前后两个院子，近 550 平方米。地方不大却五脏俱全，有水景、山石绿化、水吧、儿童沙坑等。前院为海洋主题“鲸入海”，加建了浴缸区，让空间感更有层次，玻璃幕令光与影奇妙结合得十分巧妙。后院名是森林主题“鹿饮溪”，两间客房名为“鹿隐”和“归林”。“鹿隐”的窗对观百年老墙，屋内墙角壁画中隐藏着白鹿，彩虹鹦鹉与印尼民族床旗又平添了一丝梦幻。“归林”则是倦鸟归林，碧青色的壁纸、明亮的落地窗，闲看庭前花开花落。

印象海上花：穿越时空体验真正的民国生活，印象海上花在冯小刚电影公社里面，这里的芳华小院是印象海上花，专门为芳华这部电影打造的，取名叫“芳华小筑”，芳华 80%都在这里拍摄的。印象海上花的装修风格很有特色。房间的细节上很用心，墙后面就是芳华小院，走进其中一个个拍摄场景，情绪不自觉会跟着很激动。晚上在景区里散步，感觉置身 20 世纪 30 年代的上海，很有情调。

海的故事：接待过奥地利总统、潘基文、马云等。在天堂博鳌，有一方时空，让人忘却尘扰，漾起心灵的涟漪；在美丽的玉带湾，有一个你梦想的地方，面朝大海，春暖花开。

森林民宿：2018 年度中国海南十佳民宿之一。依偎博鳌天堂小镇，濒临南海玉带滩，沿南北轴线舒展环抱中国南海。博鳌海岛森林客栈是一家兼享一线海景与小镇风情的豪华标准滨海休闲度假主题民宿，紧临海边，离亚洲论坛永久会址 10 分钟车程，离南海博物馆 15 分钟车程，离博鳌超级医院、潭门（千年鱼港小镇）都仅半个小时车程。雅致的建筑群和热带原生态椰林相映成趣，唯美如画。

骑楼还客 1921：2018 年度中国海南十佳民宿之一。民宿位于海口骑楼老街，1921 是一个时间标签，那是海口南洋商贸比较繁华的时期，这里的一砖一瓦、一墙一阁都藏着主人独妙的心思和情怀。它的前身是一栋近 200 年巴洛克风格的南洋骑楼建筑危房，莫凡出品设计团队在室内设计中坚持了以人为本、继承传统、二次创作的理念。巧妙地将现代简约的舒适性与复古调性融合。既展示了南洋骑楼的复古情怀，又让人在整个空间里感受到现代空间的舒适感和休闲放松。住在骑楼还客 1921，你能感受到南洋风情，民宿大量老家具、老物件、现代玻璃天花板等 Loft 式装修发挥着不可比拟的优势。

阿若康巴：2017 年度中国十佳民宿游学基地。民宿主：扎巴格丹。这是一间从设计上就让人赞叹的民宿，一进前厅，就看见一个精致规整的庭院，传统的木头、青石、青瓦建筑材料，做出了十分不一样的感觉，挑高的廊柱，让庭院向天空延展感更好，中庭十字交叉的水景布局独树一帜，让整个院子鲜活起来。“阿若康巴”是藏语，意思是“来吧，朋友”，独特的马帮文化是这里的亮点。在过去，马帮的经营完全靠信誉和信用，这也是阿若康巴想要传承和传播的精神——敢于冒险、勤勉、宽容亲和、乐于合作。

花间堂：民宿主是刘溯。花间堂是花丛中长出来的房子，是童年记忆经过岁月打磨而设计出的幸福空间。在这里，孤独是用来享受的，快乐是可以分享的，每一位客人都能在与阳光、猫狗、落叶消磨时光的同时，慢慢找回心的安定。

听花堂：2017 年度中国十大新锐民宿品牌。民宿主是熊清华。“堂下观花，听花而居”，“听花堂”的名字与书法家胡秋萍女士所著《听花堂诗语》一书不谋而合，处处体现着诗意生活与清新自在的愉悦度假方式，如同客人的留言：“我有一座花园，心有芬芳，繁花自来。”

丽江松赞林卡：2017 年度中国十大影响力民宿品牌。丽江松赞林卡的建筑形式以唐代的中原建筑风格为主，沿袭三房一照壁的规格，而当地的纳西文化和生活也被松赞融入项目的建筑、运营以及产品体验中。

墅家·玉庐雪嵩院：民宿主是聂剑平。丽江墅家玉庐雪嵩院被授予 A’design

Award 建筑设计类最高荣誉铂金奖。以民族文化为魂，墅家玉庐雪嵩院堪称中国建筑及民宿领域的杰出代表。通过独具匠心的设计赋予建筑更多的人类情感、记忆，尊重、传承并创新本土纳西族文化，让建筑成为人与自然、人与人沟通的桥梁。雪嵩院共 13 栋石头建筑，包括 1 栋民俗博物馆，1 栋吧台茶室餐厅区，其他 11 栋为住宿区。在保留纳西传统民居质朴之美的同时，用现代的设计手法满足现代人对居住的舒适要求。整个院落以地形为基础，以地貌为辅佐，践行天人合一理念。传统与现代结合，创造出一种新的建筑形式。这种建筑形式扎根于原来的土壤，风格、材料、调性都与当地的自然环境及原始村落浑然一体。

呼吸：卸下所有尘世烦恼，民宿主老江为了体现束河古镇的原汁原味，极大程度地依据自然建造，保持自然应有的和谐美好。没有任何障碍和疑虑，保证每一刻的大口呼吸。这便是民宿名字的由来。“呼吸”的每间房各有景致，大窗采光，增加层高，可以在舒适的空间里欣赏风景。琴房背倚山野，面向水池，特别让人有弦断无人听也值得的感觉。

三秋美宿：是裸心堡、裸心谷、裸叶水疗中心、裸心乡、西坡莫干山等的设计师吕晓辉在莫干山的又一得意之作。屋里由每一根蹩脚的横梁、立柱撑起，它们不好看，甚至有点丑，但却没有用一滴油漆。木头朽了，锯断这一节，利用榫卯的咬合原理，与另一根扣在一起。尽量保留老房子原有的结构和材料。而三秋也是吕晓辉众多作品中保留、使用原件最少的。

芝麻谷：继丽江古城、大理双廊、香格里拉先后打造了芝麻开门客栈后，民宿主芝麻于 2016 年 3 月 18 日在莫干山正式动工。这里原来是一个笋厂，为了保护自然环境而停产闲置，设计师王健尽可能地保留建筑原有的走向和结构，从空间的设计到装修装饰再到家具器物，尽显创意。定制和收藏而来的各种家具、器物更是达到 5000 多种。

莫上隐：谐音“莫上瘾”，但却分分钟让人上瘾的节奏。这里的室外泳池、森林 Spa、图书馆、咖啡厅分分钟让人忘了自己身在何处。走出房间，漫山遍野的青翠竹林又让人感叹：这里是最亲近自然的莫干山。

课间：是莫干山最好玩的民宿，由上海一家设计公司自己建造。三位“80后”设计师为首的创业团队给自己定了两个目标：一是从策划、设计、采购、施工到运营都要亲力亲为；二是要在民宿行业中做出差异化，设计感只是标配，重点要放在“好玩”这个民宿稀缺的体验上。建筑设计上，课间建设面积 2600 多平方米，包括四栋小房子，三明治结构，一层与顶层都是公共区，利用空间动线引导客人从房间走出来。极简明快的建筑外观，轮廓硬朗，外墙是

“妖娆”的蓝绿色，被设计师戏称为“工业小清新”，室内大面积留白，白色与原木色系为主，色调清爽干净。空间配置上，放弃追求客房数量，通过增加公共空间的配比、扩大客房面积，将近50%的面积用于公共区域，独立、矜持的城市人在这里可以释放天性，激发出另一个自我。

云溪上：民宿主是余味，国内第一位登上世博会舞台的民宿设计师。同济大学室内设计专业，师从日本大师丹下健三，总要去云溪上看看，才知道设计师民宿的美。

莫干山居图：全球首家图书馆民宿。一家既时尚又传统，既沧桑又温馨的文艺格调精品民宿，距莫干山景区直线距离约4千米。民宿集住宿、餐饮、娱乐、会务接待于一体，个性独具，品位高雅。隐身于这绵延的竹海之中，院后4棵千年银杏耸入云霄，感受着一切的变化，聆听着世间的故事。约450平方米的艺术大厅，拥有万卷藏书（藏书近30000册）和各种瓷器、巨幅书法、书画等。可容纳100~150人，一场小型音乐会或者热闹的团建活动都不在话下。山居图拥有风格各异的25个客房，其中地中海格调的9个；传统中式格调的9个；上下层复式结构的7套，且屋顶开辟大面积玻璃天窗，躺在床上即可赏月、望雨。

龙观禅娜：龙观禅不去打扰大自然最原始的生态，而是以最恰当的姿态融入。主人戴如希丹是一位著名的戏曲演员，她花三年打造这样一处世外美宿，是对自己生活美学的极致表达：不刻意为之，却能自然而然地修复世人疲倦的身心。是梦开始的地方，蓝天与白云氤氲低语，阳光与芬芳气息交融，浓郁的负氧离子在这里弥漫游离，一山一城，一湖一海，青山依旧，绿水长流。

慈舍：隐于慈城古县城。一座三进式老宅院，白墙黑瓦。主人在此常备好茶，一杯咖啡、一盘小吃、一桌菜肴，尽享安静生活。“三间堂”里，老匾依旧，东方席地而居的生活方式与尺度中保留的仪式感在此延续。慈舍共有客房九间，古朴、极简。泡一壶野生茶，抄一册静心经，守一刻冥想，这里藏着最返璞归真的隐世生活。

心宿：位于宁波东钱湖中的核心景区福泉山，是原来福泉茶厂的老房子改造的，门口还有一架古琴。两间大仓库改造成客房，每间一分为二隔成两排，每排七个房间。每间客房都是实木对开门，进去有个迷你小庭院，再进去还有一扇门，打开才是房间。仿古的建筑风格及极简的视觉效果让人心绪平静，在内湖深山之处感受自然的力量，正体现了福泉的内涵，本心住处心宿·客舍，背依名刹，颇有“竹林深处有人家”的感觉，也有一种“极致生活，隐于竹林”的幽静。心宿共有28间房，源自“本心住处”的特殊含义，命名了四排独门独院的客房。

本次问卷最后一批于2018年12月14日收回（广西阳朔），为期3个月，在6个省市的45家民宿共发放542分问卷，由于部分问卷民宿客内容填写不完整，或根据自己理解填写多个选项，或从始到终只选一个答案，或在原有问卷上修改，填写自己意见或调查对象小于18岁等问题，本书视此类问卷为无效问卷，根据此标准，通过筛选删除70份有此类问题的问卷，最后共计472份确认为有统计意义的问卷，有效率为87.1%。

3.5 本章小结

本章在文献回顾的基础上对本书中的变量进行了定义，并根据文献列出了各变项的测量问项。阐述了本书主要运用的方法是定性研究与定量研究相结合的方法，并具体说明了定性研究方法——访谈法在研究中的应用，包括访谈的目的、对象、内容和访谈结论，根据定性分析结果对测量问项进行了修订；定量研究方法——调查法在研究过程中的资料收集、分析；问卷设计和测量方法，预调研样本选取和分析；对正式样本的抽样数量、方法和范围做了说明。

4 实证分析

在 3 研究设计和正式问卷数据收集基础上，本章将利用所采集到的数据进行实证分析，运用 SPSS20.0 和 Amos20.0 软件，通过叙述性统计分析、信度分析、效度分析、验证性因子分析、结构方程模型分析、方差分析等来验证本书所提出的相关假设。本书采用最大概似法（ML）。

4.1 叙述性统计分析

李怀祖（2012）认为，描述性统计是用数学语言表述一组样本特征或样本各变量的特征，以此来概括和解释样本数据，进而将收集的原始数据经整理后转变为有统计意义的信息，并以图表和统计量等方式呈现出来。本节拟对正式问卷收集到的数据进行人口统计变量（样本的基本信息资料、行为特性变量）和对所构建的假设模型所包含的各变量进行描述性统计分析。

4.1.1 人口统计变量的叙述性统计

表 4–1 显示，受访的民宿客中，男性 222 人（47%），女性 250 人（53%），女性高于男性，相对男性来讲，女性更喜欢入住民宿。18~24 岁的 59 人（12.5%），25~30 岁的 113 人（23.9%），31~44 岁的 187 人（39.6%），45~59 岁的 105 人（22.2%），60 岁以上的 8 人（1.7%），入住民宿的年龄段集中在 25~59 岁，占总人数的 80%，特别是 31~44 岁。来源于本地的 68 人（14.4%），省内的 115 人（24.4%），除本省其他地区（不含港澳台地区）275 人（58.3%），中国港澳台地区 13 人（2.8%），国外 1 人（0.2%），这与民宿的在地性和住宿客消费心理的特点相吻合。从职业看，来自于机关及事业单位 59 人（12.5%），

企业或个体经营者 229 人（48.5%），学生 24 人（5.1%），自由职业者 91 人（19.3%），离退休人员 16 人（3.4%），其他 53 人（11.2%），这与民宿的价格相比其他住宿设施高很多，一般收入人群没有能力消费的特征相匹配。教育程度看，高中及以下 61 人（12.9%），大专 151 人（32%），本科 210 人（44.5%），硕士及以上 50 人（10.6%），充分说明了民宿是一个相对小资的产品，受教育程度高的人一般喜欢特色、另类的产品，同时也符合民宿的基本特点。可自由支配收入在 4000~6999 元及以上的共 340 人（72%），可见民宿消费的主体还是有一定经济基础和追求生活质量的客人。一个人入住的 116 人（24.6%），陪家人 78 人（16.5%），陪朋友的 131 人（27.8%），与同事的 80 人（16.9%），其他 67 人（14.2%），从与民宿主的交流中得知，开民宿的初衷就是为了让那些在城市待腻的人，或自己或陪家人朋友换个环境生活，这与调研的情况基本吻合。获取本民宿信息的来源网络及其他媒体的 255 人（54%），亲戚朋友推荐的 81 人（17.2%），口碑就是王道，新媒体发展成为各类消费者获取信息的首选，与调研数据基本一致。

表 4–1　人口统计变量叙述性统计

变量	选项	人数	占比（%）	变量	选项	人数	占比（%）
年龄	18~24 岁	59	12.5	职业	机关及事业单位	59	12.5
					企业或个体经营者	229	48.5
	25~30 岁	113	23.9		学生	24	5.1
	31~44 岁	187	39.6		自由职业者	91	19.3
	45~59 岁	105	22.2		离退休人员	16	3.4
	60 岁以上	8	1.7		其他	53	11.2
客源地	本地	68	14.4	可自由支配收入	1000 元以下	6	1.3
	省内	115	24.4		1001~2499 元	24	5.1
	除本省其他地区（不含港澳台地区）	275	58.3		2500~3999 元	102	21.6
	中国港澳台地区	13	2.8		4000~6999 元	153	32.4
	国外	1	0.2		7000 元以上	187	39.6

续表

变量	选项	人数	占比（%）	变量	选项	人数	占比（%）
游伴	一个人	116	24.6	受教育程度	高中及以下	61	12.9
	陪家人	78	16.5		大专	151	32
	跟朋友	131	27.8		本科	210	44.5
	与同事	80	16.9		硕士及以上	50	10.6
	其他	67	14.2	性别	男	222	47
信息来源	旅行社	37	7.8		女	250	53
	亲戚朋友推介	81	17.2				
	网络及其他媒体	255	54				
	当地导游推介	7	1.5				
	现场自行寻找	36	7.6				
	其他	56	11.8				

4.1.2 假设模型的测量变量的叙述性统计

本书除了对研究样本的人口统计变量进行描述性统计分析外，还对假设模型包含的 9 个变量 35 个测量项进行了叙述性统计分析，分别计算了各个测量项的极小值、极大值、平均值、标准差、偏度和峰度等，如表 4–2 所示。

表 4–2 假设模型测量变量的叙述性统计

测量项	极小值 统计量	极大值 统计量	平均值 统计量	标准差 统计量	偏度 统计量	峰度 统计量
EDUE1	1	7	4.58	1.617	−0.260	−0.764
EDUE2	1	7	4.60	1.555	−0.304	−0.626
EDUE3	1	7	4.75	1.551	−0.382	−0.620
EDUE4	1	7	4.60	1.605	−0.433	−0.531
ESTE1	1	7	5.05	1.509	−0.441	−0.560
ESTE2	1	7	5.16	1.465	−0.505	−0.394
ESTE3	1	7	5.27	1.413	−0.556	−0.291
ESTE4	1	7	5.05	1.501	−0.423	−0.516
ENTE1	1	7	4.38	1.494	−0.268	−0.411

续表

测量项	极小值 统计量	极大值 统计量	平均值 统计量	标准差 统计量	偏度 统计量	峰度 统计量
ENTE2	1	7	3.86	1.611	−0.087	−0.684
ENTE3	1	7	3.99	1.604	−0.100	−0.739
ENTE4	1	7	4.06	1.587	−0.181	−0.654
ESCE1	1	7	4.38	1.515	−0.230	−0.542
ESCE2	1	7	4.32	1.602	−0.246	−0.585
ESCE3	1	7	4.26	1.578	−0.220	−0.575
ESCE4	1	7	4.33	1.650	−0.199	−0.772
QV1	1	7	4.91	1.474	−0.417	−0.475
QV2	1	7	5.01	1.504	−0.515	−0.249
QV3	1	7	5.05	1.472	−0.570	−0.079
QV4	1	7	4.88	1.501	−0.576	−0.204
EV1	1	7	4.94	1.493	−0.467	−0.467
EV2	1	7	4.68	1.462	−0.268	−0.478
EV3	1	7	4.69	1.453	−0.213	−0.613
EV4	1	7	4.97	1.453	−0.523	−0.342
SV1	1	7	5.00	1.408	−0.542	−0.271
SV2	1	7	5.06	1.390	−0.432	−0.391
SV3	1	7	4.92	1.548	−0.583	−0.323
SV4	1	7	5.00	1.473	−0.484	−0.426
SAT1	1	7	4.92	1.517	−0.522	−0.418
SAT2	1	7	5.09	1.467	−0.551	−0.336
SAT3	1	7	5.06	1.500	−0.575	−0.333
SAT4	1	7	5.02	1.425	−0.551	−0.110
BI1	1	7	5.06	1.541	−0.632	−0.281
BI2	1	7	4.97	1.598	−0.632	−0.292
BI3	1	7	5.04	1.617	−0.673	−0.174

由表 4–2 看出，在 35 个测量题项中，极小值是 1，极大值是 7，表明受访者的回答有差异；平均值从 3.86 到 5.27，平均值大于 5 的问项主要集中在审美体验、功能感知和满意度上，总体上看民宿客对民宿的整体特别是入住民宿的

美感上有较为正面的倾向。张伟豪（2012）认为标准差太小，代表测量题项所用样本填答一致。样本中的每个标准差介于 1.390~1.650，表明受访者的打分在一定的波动区间，总体而言分布较为合理。

本书采用 SEM 结构方程模型的 AMOS 软件进行分析，极大似然估计法（ML）是 AMOS 软件进行参数估计常用方法，ML 必须在多元常态假设下才能准确评估，许多非多变量常态检定可以通过单边常态侦测，偏态与峰度是检查单变量常态的两种方法（张伟豪，2012）。Kline（2005）建议利用 ML 估计参数，变量最好偏态在 ±2 以内，峰度在 7 以内。本书的 35 个观察变量的偏度系数（Skewness）的绝对值介于 0.09~0.673，均小于 2，峰度（Kurtosis）系数的绝对值介于 0.079~0.772，均小于 7，数据基本符合正态分布的假定（Kline，2005）。

4.2 问卷的信效度分析

本节将对收集到的样本数据进行信度和效度检验。信度通过计算各测量项的 Cronbach's α 值进行检验，效度通过 CFA（验证性因子分析）进行收敛效度、区隔效度和建构效度分析。具体的评价方法和指标要求如第 3 章所述。

4.2.1 问卷的信度检验

吴明隆（2000）指出，信度是检验量表所得结果的稳定性及内部一致性，一个量表的信度越高，则表明量表越稳定。在李克特测量量表中信度检验通常采用 Cronbach（1951）创用的 Cronbach's α 系数，α 系数越高，表明测量量表的内部一致性越高，量表具有良好的信度。一般认为 α 系数等于 0.70 是量表可否接受的临界值，也有学者认为 α 系数介于 0.70~0.80 比较好，介于 0.80~0.90 非常好（Devellis，1991）。本书正式调查问卷测量项的信度检验结果如表 4-3 所示。

表 4-3　问卷测量项的信度检验

构面	研究变量	测量题项数	Cronbach's α
4E 体验	教育体验	4	0.906
	审美体验	4	0.908
	娱乐体验	4	0.888
	逃避体验	4	0.885
感知价值	功能价值	4	0.924
	情感价值	4	0.927
	社会价值	4	0.922
满意度	满意度	4	0.938
行为意向	行为意向	3	0.928

由表 4-3 看出，4E 体验的 4 个研究变量——教育体验、审美体验、娱乐体验和逃避体验的 α 系数均超过 0.7，介于 0.885~0.908，说明各个研究变量具有非常好的信度，测量题项具有好的内部一致性。感知价值的 3 个研究变量——功能价值、情感价值和社会价值的 α 系数均超过 0.7，介于 0.922~0.927，说明各个感知价值的研究变量具有非常好的信度，测量题项具有良好的内部一致性，满意度、行为意向的 α 系数分别为 0.938、0.928，均有非常好的信度，测量题项具有良好的内部一致性。因此，正式调研问卷测量量表符合本书研究目的。

4.2.2　问卷的效度检验

4.2.2.1　效度分析内涵及指标

效度（Validity）是量表所能正确测量心理或行为特质的程度。一般用内容效度、建构效度来衡量采用量表的合理性。内容效度是衡量测量题项的有效性，是命题的逻辑分析，也称为逻辑效度。本书在预测试前对测量问项的来源和检验过程做了交代，并通过预测检验了所用测量问项，结果表明其具有良好的内容效度。

建构效度是指态度量所测量理论概念和特质的程度，重点是在于理论假设和对理论假设的检验，由因求果，以相关实验或因素分析等方法，查核检验结果与理论观点是否一致（张伟豪，2012）。建构效度可以通过因子分析求出，因子分析又可分为探索性因子分析（Exploratory Factor Analysis，EFA）和验证性因子分析（Confirmatory Factor Analysis，CFA）。EFA 的目的是确认量表的因子结构，即确定有几个因子或构念，且因素负荷量如何。通常在问卷的预试阶段，进行 EFA，求得量表的最佳因子结构，从而形成问卷的建构效度。而 CFA 是在研究者明确源于文献的问卷由几个因素构成后，为了确认量表所包含的因素是否与最初探究的构念相同，以不同的样本为对象来加以检验（吴明隆，2014）。

本书在第 3 章预调研中对源于文献的量表采用 EFA 方式对各题项的因素负荷量进行了分析，明确了研究构念具有良好的建构效度。以下将主要运用 CFA 来检验正式样本各个变量的建构效度的确切性和真实性，主要包括建构效度中收敛效度和区隔效度的评估。CFA 是 SEM 的次模型，是进行整合性 SEM 的前置步骤，可独立应用信效度检验和理论有效性确认（Bentler，1989）。运用 CFA 来验证各量表的效度，先进行模型设定、模型识别、模型估计，再进行模型检定，模型检定通过适配度指标来衡量。然后通过 CFA 的结果确定各个测量项的因素负荷量，计算出该模型的组成信度 CR（Composite Reliability）和平均变异萃取量 AVE（Average Variances Extracted）的值，从而判断测量量表的收敛效度（Convergent Validity）、区分效度（Discriminant Validity），进而评估模型的建构效度。模型适配度本书参考了 Schreiber（2008），Hooper、Coughlan 和 Mullen（2008），Jackson 和 Gillaspy（2009）等意见，通常通过卡方值（χ^2，越小越好）、自由度（df，越大越好）、卡方自由度比（$\chi^2/df<5$）、配适度指标（GFI>0.8）、调整后的适配度指标（AGFI>0.8）、规范适配度指标（NFI>0.8）、近似均方根差（RMSEA<0.08）等指标判断，渐增式适配度指标（IFI>0.9）、比较适配度指标（CFI>0.9）、标准化均方根（SRMR<0.08）等指标评估。

（1）卡方值（χ^2，越小越好）是 SEM 最原始的指标，直接从 ML 估计法的函数所得。卡方值越小越好，表示估计模型与样本资料在统计显著性上配适度越好，它受到样本数和模型复杂程度的影响，在 ML 法下，如果样本超过 500 以上，卡方值就会被大幅度高估。

（2）自由度（df，越大越好）是样本中独立或能自由变化的数据的个数。通常情况下自由度越大越好。

（3）卡方自由度比（$\chi^2/df<5$），主要是为了减少样本对卡方值所造成的影响，卡方自由度比越小，表明模型适配度越高，Kline（2005）建议 3 以内是可接受的，Schumachker 和 Lomax（2004）认定 5 以内即可，但不能 <1，<1 表示模型有过度修正。

（4）配适度指标（GFI>0.8），表示假设模型的共变异数解释样本共变异数的比例，即假设模型的共变异数矩阵与样本共变异数矩阵的接近程度，越接近 1，表示模型适配度越高，通常 GFI>0.9 表示适配度良好，GFI>0.8 可接受。

（5）调整后的适配度指标（AGFI>0.8）是将自由度纳入考虑后所设计出来的模型适配度指数，估计参数越多，AGFI 值越接近 1，通常采用 AGFI>0.8，当样本量小时，AGFI 会低估（Bollen，1990）。

（6）近似均方根差（RMSEA<0.08）值越大表示假设模型与资料越不匹配，RMSEA<0.05，表示有好的模型适配度（Schumacker 和 Lomax，2004），Hu 和 Bentler（1999）认为，RMSEA 介于 0.05~0.08，则称模型有不错适配度。RMSEA 不受样本数量的影响，但在很小样本时会被高估（Fan、Thompson 和 Wang，1999）。RMSEA 是估计 SEM 统计检定力的重要指标（Maccallum、Browne 和 Sugaward，1996）。

（7）精简规范适配度指标（PNFI>0.5），说明模型的简单程度，越小越好，一般 0.5 以上可接受（Marsh 等，1996）。

（8）渐增式适配度指标（IFI>0.9），不受样本数影响，一般 >0.9。

（9）比较适配度指标（CFI>0.9），反映假设模型与无任何共变关系的独立模型之差异，CFI 越接近 1 代表模型契合程度越理想。

（10）标准化均方根（SRMR<0.88），是模型预测矩阵与样本矩阵差异的平均值，SRMR 越小，表明适配度 b 越好，SRMR=0 表明完美适配，<0.05 为良好适配，<0.08 为可接受适配。

潜在变量的组成信度（CR）为测量变项信度的组成，表示构面指标的内部一致性，信度越高表示这些指标的一致性越高，0.6~0.7 的信度是可接受的，0.7 以上代表研究模式内部一致性良好（Fornell 和 Larcker，1981）。

潜在变项的平均变异萃取量（AVE）是计算潜在变项各测量项对该潜在变项的解释力，AVE 值越高，表示构面间的测量题目相关度越高，一致性越高，潜在变项有越高的信度与收敛效度，Fornell 和 Larcker（1981）建议 AVE>0.5。

Fornell 和 Larcker（1981）认为，区别效度是每个构面的平均变异萃取量

（AVE）须大于各成对变项之相关系数平方值，说明构面与构面间具有区别效度。

4.2.2.2　4E 体验各维度的 CFA 分析

教育体验有 4 个测量项，共涉及 4 个观察变量，自由度为 4×5/2=10，估计参数为 4 个残差、3 个因素负荷量和 1 个变异数，计参数为 4+3+1=8，<df=10，假设模型为过度辨识，模型理论上可以估计，估计后的自由度为 10–8=2。由于样本未超过 1000 个，因此使用最大概似法作为 CFA 估计的方法。使用软件 Amos20.0 进行模型估计，CFA 分析后，如图 4–1 所示，所有 4 个测量项对应的标准化因素负荷量在 0.76~0.93 区间，SMC 在 0.57~0.86 区间，因素负荷量在可接受的 >0.7 范围内，多元相关系数（SMC）大于 0.5 标准（Hair 等，2010）。

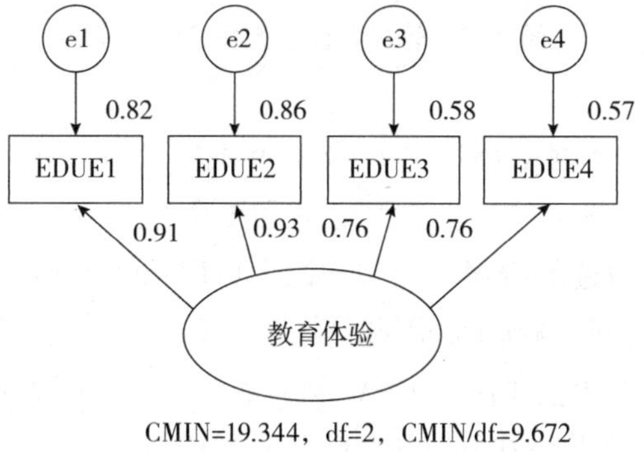

图 4–1　教育体验修正前 CFA 分析

模型的配适度指标中，χ^2=19.344，自由度 df=2，卡方自由度比 χ^2/df=9.672，不符合 <3 的标准，根据模型检定结果，需修正模型，Fornell 和 Larcker（1981）认为模型修正多数是变量缩减，一般依据的标准是：①删除因素负荷量低于 0.5 的项，说明该测量无法反映出真正潜在变量的测量。②删除有共线性存在的观察变量。③删除残差不独立的观察变量。根据共变异数修正指标看，e3、e4 拉相关可以降低 13.8 以上的卡方值，e3、e2 拉相关可以降低 4.7 个以上卡方值，e1、e4 拉相关可以降低 6 个卡方值，因此砍掉 e4 这个测量变量会降低较多的卡方值，因此选择删掉测量题项 4，进行重新估计，结果如图 4–2 所示，所有 3 个测量项对应的标准化因素负荷量分别是 0.91、0.92、0.75，在可接受的大于 0.7 范围内，SMC 分别是 0.83、0.84、0.56，多元相关系数（SMC）大于 0.5 标准，

CR 为 0.9>0.7，AVE 为 0.75>0.5（Hair 等，2009）。由于只有 3 个题目，为恰好辨识，自由度为 0，为饱和模型，模型只有唯一解，因此卡方值为 0，没有适配度指标。

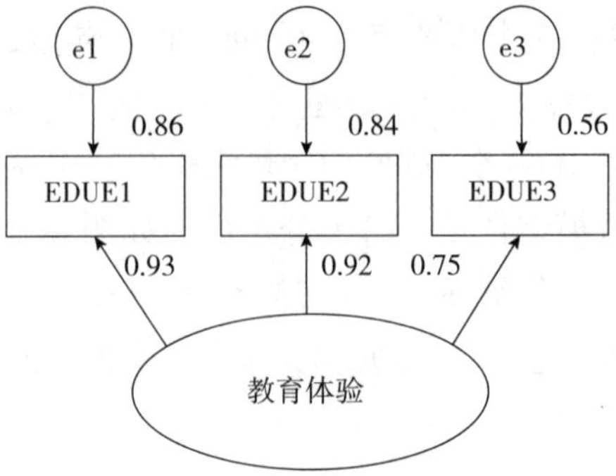

图 4-2 教育体验修正后 CFA 分析

审美体验有 4 个测量项，共涉及 4 个观察变量，自由度为 4×5/2=10，估计参数为 4 个残差、3 个因素负荷量和 1 个变异数，计参数为 4+3+1=8，<df=10，假设模型为过度辨识，模型理论上可以估计，估计后的自由度为 10-8=2。由于样本未超过 1000 个，因此使用最大概似法作为 CFA 估计的方法。使用软件 Amos20.0 进行模型估计，CFA 分析后，如图 4-3 所示，所有 4 个测量项对应的标准化因素负荷量在 0.81~0.90 区间，SMC 在 0.65~0.80 区间，因素负荷量在可接受的 >0.7 范围内，多元相关系数（SMC）>0.5 标准（Hair 等，2010）。

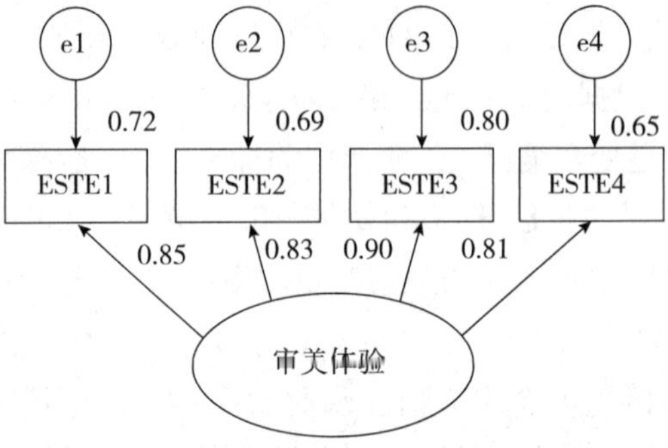

CMIN=15.665，df=2，CMIN/df=7.833

图 4-3 审美体验修正前 CFA 分析

模型的配适度指标中，χ^2=15.665，自由度 df=2，卡方自由度比 χ^2/df=7.833，不符合 <3 的标准，根据模型检定结果，需修正模型，Fornell 和 Larcker（1981）认为模型修正多数是变量缩减，一般依据的标准：①删除因素负荷量低于 0.5 的项，说明该测量无法反映出真正潜在变量的测量。②删除有共线性存在的观察变量。③删除残差不独立的观察变量。根据共变异数修正指标看，e1、e2 拉相关可以降低 9.3 个以上的卡方值，e1、e4 拉相关可以降低 4 个以上卡方值，因此砍掉 e1 这个测量变量会降低较多的卡方值，因此选择删掉测量题项 1，进行重新估计，结果如图 4–4 所示，所有 3 个测量项对应的标准化因素负荷量分别是 0.80、0.92、0.82，在可接受的 >0.7 范围内，SMC 分别是 0.64、0.84、0.67，多元相关系数（SMC）>0.5 标准，CR 为 0.88>0.7，AVE 为 0.72>0.5（Hair 等，2009）。由于只有 3 个题目，为恰好辨识，自由度为 0，为饱和模型，模型只有唯一解，因此卡方值为 0，没有适配度指标。

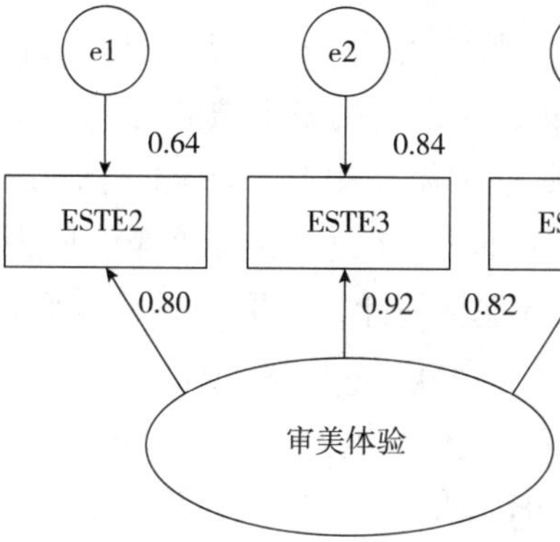

图 4–4　审美体验修正后 CFA 分析

娱乐体验有 4 个测量项，共涉及 4 个观察变量，自由度为 4×5/2=10，估计参数为 4 个残差、3 个因素负荷量和 1 个变异数，计参数为 4+3+1=8，<df=10，假设模型为过度辨识，模型理论上可以估计，估计后的自由度为 10–8=2。由于样本未超过 1000 个，因此使用最大概似法作为 CFA 估计的方法。使用软件 Amos20.0 进行模型估计，CFA 分析后，如图 4–5 所示，所有 4 个测量项对应的标准化因素负荷量在 0.73~0.88 区间，SMC 在 0.53~0.78 区间，因素负荷量在可接受的 >0.7 范围内，多元相关系数（SMC）大于 0.5 标准（Hair 等，2010）。

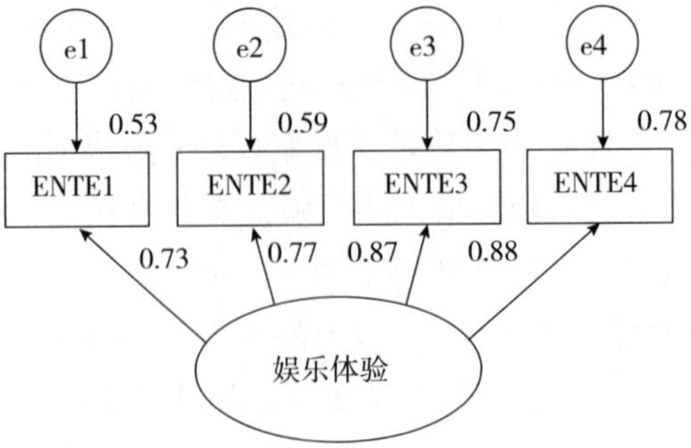

CMIN=44.902，df=2，CMIN/df=22.451

图 4-5　娱乐体验修正前 CFA 分析

模型的配适度指标中，χ^2=44.902，自由度 df=2，卡方自由度比 χ^2/df=22.451，不符合 <3 的标准，根据模型检定结果，需修正模型，Fornell 和 Larcker（1981）认为模型修正多数是变量缩减，一般依据的标准是：①删除因素负荷量低于 0.5 的项，说明该测量无法反映出真正潜在变量的测量。②删除有共线性存在的观察变量。③删除残差不独立的观察变量。根据共变异数修正指标看，e1、e2 拉相关可以降低 39.5 个以上的卡方值，e1、e3 拉相关可以降低 8 个以上卡方值，因此砍掉 e1 这个测量变量会降低较多的卡方值，因此选择删掉测量题项 1，进行重新估计，结果如图 4-6 所示，所有 3 个测量项对应的标准化因素负荷量分别是 0.73、0.88、0.89，在可接受的 >0.7 范围内，SMC 分别是 0.54、0.78、0.80，多元相关系数（SMC）大于 0.5 标准，CR 为 0.88>0.7，AVE 为 0.70>0.5（Hair 等，2009）。由于只有 3 个题目，为恰好辨识，

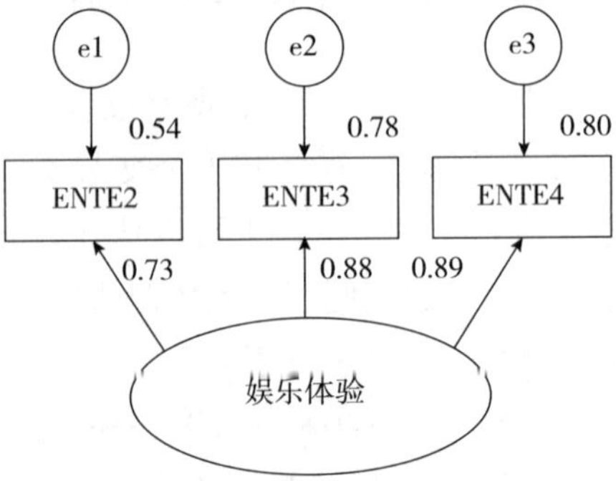

图 4-6　娱乐体验修正后 CFA 分析

自由度为0，为饱和模型，模型只有唯一解，因此卡方值为0，没有适配度指标。

逃避体验有4个测量项，共涉及4个观察变量，自由度为4×5/2=10，估计参数为4个残差、3个因素负荷量和1个变异数，计参数为4+3+1=8，<df=10，假设模型为过度辨识，模型理论上可以估计，估计后的自由度为10–8=2。由于样本未超过1000个，因此使用最大概似法作为CFA估计的方法。使用软件Amos20.0进行模型估计，CFA分析后，如图4–7所示，所有4个测量项对应的标准化因素负荷量在0.74~0.88区间，SMC在0.55~0.78区间，因素负荷量在可接受的>0.7范围，多元相关系数（SMC）>0.5标准（Hair等，2010）。

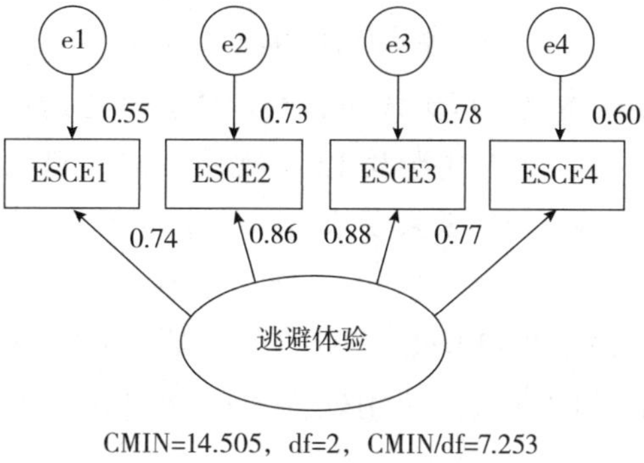

图4–7 逃避体验修正前CFA分析

模型的配适度指标中，χ^2=14.505，自由度df=2，卡方自由度比χ^2/df=7.253，不符合<3的标准，根据模型检定结果，需修正模型，Fornell和Larcker（1981）认为模型修正多数是变量缩减，一般依据的标准是：①删除因素负荷量低于0.5的项，说明该测量无法反映出真正潜在变量的测量。②删除有共线性存在的观察变量。③删除残差不独立的观察变量。根据共变异数修正指标看，e1、e2拉相关可以降低9.4个以上的卡方值，e1、e4拉相关可以降低6个以上卡方值，因此砍掉e1这个测量变量会降低较多的卡方值，因此选择删掉测量题项1，进行重新估计，结果如图4–8所示，所有3个测量项对应的标准化因素负荷量分别是0.83、0.90、0.78，在可接受的>0.7范围内，SMC分别是0.69、0.82、0.61，多元相关系数（SMC）>0.5标准，CR为0.88>0.7，AVE为0.71>0.5（Hair等，2009）。由于只有3个题目，为恰好辨识，自由度为 0，为饱和模型，模型只有唯一解，因此卡方值为 0，没有适配度指标。

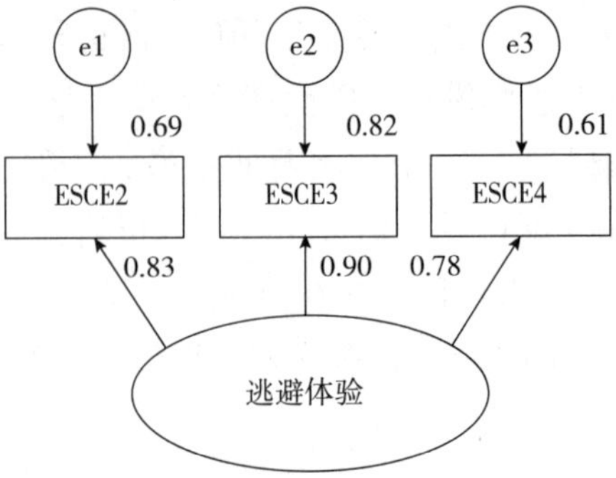

图 4–8　逃避体验修正后 CFA 分析

4E 体验包括教育体验、审美体验、娱乐体验和逃避体验 4 个变量，每个变量有 3 个测量项，4E 体验共涉及 12 个观察变量，自由度为 12×13/2=78，估计参数为 12 个残差、8 个因素负荷量、4 个变异数和 6 个共变异数，计参数为 12+8+4+6=30，<df=78，假设模型为过度辨识，模型理论上可以估计，估计后的自由度为 78–30=48。由于样本未超过 1000 个，因此使用最大概似法作为 CFA 估计的方法，使用软件 Amos20.0 进行模型估计，如图 4–9 所示。

CFA 分析后，如表 4–4 所示，所有 12 个测量项对应的标准化因素负荷量在 0.74~0.91 区间，SMC 在 0.55~0.85 区间，因素负荷量在可接受的 >0.7 范围内，多元相关系数（SMC）>0.5 标准（Hair 等，2010），因素负荷在 p<0.001 的水平上显著，全部通过了 t 检验，因此 4 个因子的 12 个测项假设关系是存在的。残差均为正值而且显著，无违犯估计。组成信度（CR）在 0.82~0.90 区间，均 >0.7 的标准，平均变异萃取量（AVE）在 0.70~0.74 区间，>0.5 的标准（Fornell 和 Larcker，1981）。因此，本书 4E 体验的教育体验、审美体验、娱乐体验和逃避体验 4 个构面具有较好的内部一致性和收敛效度。

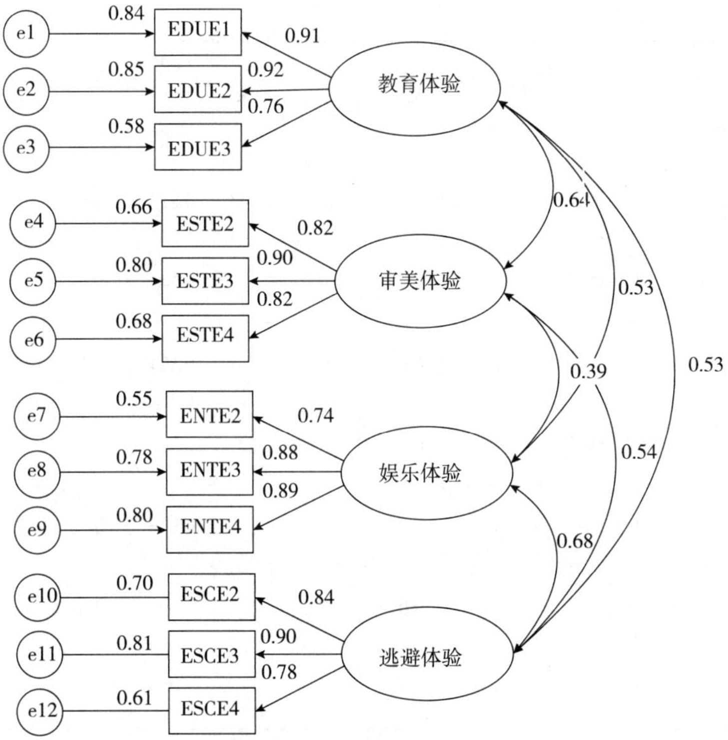

图 4-9　4E 体验之 CFA 分析

表 4-4　4E 体验之 CFA 分析结果

			非标准化估计值	S.E.	C.R.	P	标准化估计值	SMC（R^2）	CR	AVE
教育体验 1	<--	教育体验	1				0.914	0.84		
教育体验 2	<--	教育体验	0.969	0.033	29.42	***	0.92	0.85	0.9	0.75
教育体验 3	<--	教育体验	0.803	0.038	21.287	***	0.765	0.58		
审美体验 2	<--	审美体验	1				0.815	0.66	0.88	0.72
审美体验 3	<--	审美体验	1.06	0.049	21.662	***	0.896	0.80		

续表

			非标准化估计值	S.E.	C.R.	P	标准化估计值	SMC（R^2）	CR	AVE
审美体验4	<--	审美体验	1.034	0.052	19.949	***	0.823	0.68	0.88	0.72
娱乐体验2	<--	娱乐体验	1				0.742	0.55		
娱乐体验3	<--	娱乐体验	1.182	0.063	18.866	***	0.881	0.78	0.88	0.70
娱乐体验4	<--	娱乐体验	1.184	0.062	19.016	***	0.892	0.80		
逃避体验2	<--	逃避体验	1				0.836	0.70		
逃避体验3	<--	逃避体验	1.061	0.047	22.66	***	0.9	0.81	0.88	0.71
逃避体验4	<--	逃避体验	0.96	0.05	19.165	***	0.779	0.61		

注：“***”表示 $P<0.01$。

如表4–5所示，AVE均大于4个构面相关系数的平方值（Fornell 和 Larcker，1981），表明4E体验的4个构面的区隔效度明显。

表4–5　4E体验AVE区别效度

	教育体验	审美体验	娱乐体验	逃避体验
教育体验	0.740			
审美体验	0.410	0.710		
娱乐体验	0.281	0.150	0.710	
逃避体验	0.283	0.282	0.461	0.700

从表4–6看出，模型的配适度指标中，$p<0.05$，所以整体模型检定是显著的，表示模型样本与资料并不一致，但这可能是由样本数大造成的，需看其他的配适度指标，χ^2=119.635，自由度df=48，卡方自由度比 χ^2/df=2.492，GFI=0.959，AGFI=0.933，RMSEA=0.056，PNFI=0.705，IFI=0.982，CFI=0.982，

SRMR=0.0373，配适度指标均符合标准，主要参数的统计值都达到统计上的显著性，表明模型与样本没有太大差异。

表 4-6 4E 体验 CFA 配适度指标

配适度指标	理想要求标准	研究模型
χ^2（df）	越小越好	119.635（48）
p 值	>0.05	p=0.000
χ^2/df	1~3	2.492
GFI	>0.8 可接受 >0.9 配适度良好	0.959
AGFI	>0.8 可接受 >0.9 配适度良好	0.933
RMSEA	<0.08	0.056
SRMR	<0.05	0.0373
PNFI	>0.5	0.705
IFI	>0.9	0.982
CFI	>0.9	0.982

4.2.2.3 感知价值各维度的 CFA 分析

功能价值有 4 个测量项，共涉及 4 个观察变量，自由度为 4×5/2=10，估计参数为 4 个残差、3 个因素负荷量和 1 个变异数，计参数为 4+3+1=8，<df=10，假设模型为过度辨识，模型理论上可以估计，估计后的自由度为 10-8=2。由于样本未超过 1000 个，因此使用最大概似法作为 CFA 估计的方法。使用软件 Amos20.0 进行模型估计，CFA 分析后，如图 4-10 所示，所有 4 个测量项对应的标准化因素负荷量在 0.82~0.93 区间，SMC 在 0.67~0.87 区间，因素负荷量在可接受的 >0.7 范围内，多元相关系数（SMC）>0.5 标准（Hair 等，2010）。

模型的配适度指标中，χ^2=6.487，自由度 df=2，卡方自由度比 χ^2/df=3.244，不符合 <3 的标准，根据模型检定结果，需修正模型，Fornell 和 Larcker（1981）认为模型修正多数是变量缩减，一般依据的标准是：①删除因素负荷量低于 0.5 的项，说明该测量无法反映出真正潜在变量的测量。②删除有共线性存在的观察变量。③删除残差不独立的观察变量。根据共变异数修

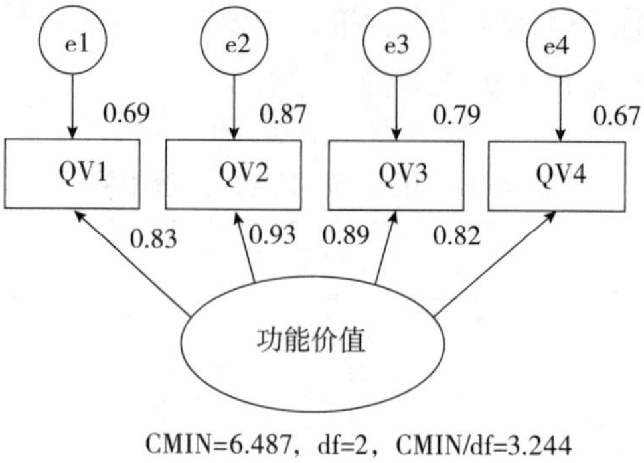

图 4-10　功能价值修正前 CFA 分析

正指标看，e1、e4 拉相关可以降低 4 以上的卡方值，e3、e4 拉相关可以降低 5 个以上卡方值，因此砍掉 e4 这个测量变量会降低较多的卡方值，因此选择删掉测量题项 4，进行重新估计，结果如图 4-11 所示，所有 3 个测量项对应的标准化因素负荷量分别是 0.84、0.94、0.88，在可接受的 >0.7 范围内，SMC 分别是 0.70、0.88、0.78，多元相关系数（SMC）>0.5 标准，CR 为 0.92>0.7，AVE 为 0.79>0.5（Hair 等，2009）。由于只有 3 个题目，为恰好辨识，自由度为 0，为饱和模型，模型只有唯一解，因此卡方值为 0，没有适配度指标。

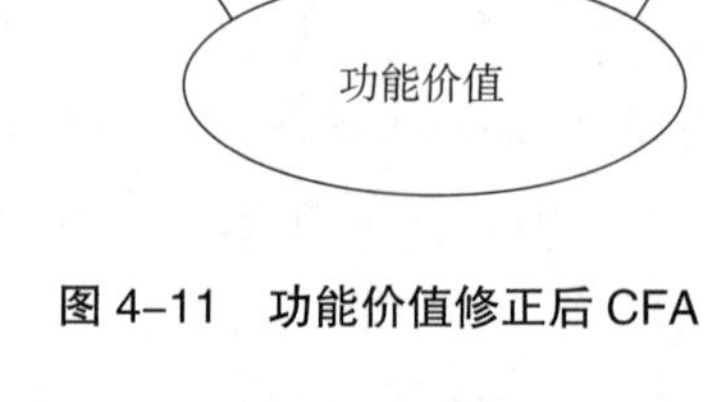

图 4-11　功能价值修正后 CFA 分析

情感价值有 4 个测量项，共涉及 4 个观察变量，自由度为 4 × 5/2=10，估计参数为 4 个残差、3 个因素负荷量和 1 个变异数，计参数为 4+3+1=8，<df=10，假设模型为过度辨识，模型理论上可以估计，估计后的自由度为 10-8=2。由于样本未超过 1000 个，因此使用最大概似法作为 CFA 估计的方法。使

用软件 Amos20.0 进行模型估计，CFA 分析后，如图 4–12 所示，所有 4 个测量项对应的标准化因素负荷量在 0.83~0.92 区间，SMC 在 0.68~0.84 区间，因素负荷量在可接受的大于 0.7 范围，多元相关系数（SMC）>0.5 标准（Hair 等，2010）。

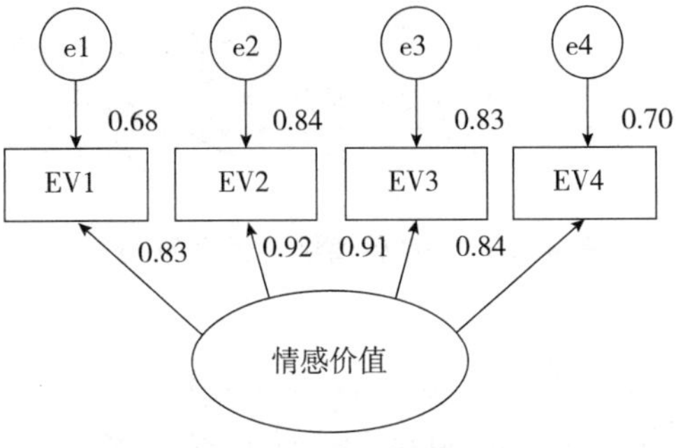

CMIN=24.711，df=2，CMIN/df=12.356

图 4–12　情感价值修正前 CFA 分析

模型的配适度指标中，χ^2=24.711，自由度 df=2，卡方自由度比 χ^2/df=12.356，不符合 <3 的标准，根据模型检定结果，需修正模型，Fornell 和 Larcker（1981）认为模型修正多数是变量缩减，一般依据的标准是：①删除因素负荷量低于 0.5 的项，说明该测量无法反映出真正潜在变量的测量。②删除有共线性存在的观察变量。③删除残差不独立的观察变量。根据共变异数修正指标看，e1、e2 拉相关可以降低 4 以上的卡方值，e1、e3 拉相关可以降低 12 个以上卡方值，e2、e4 拉相关可以降低 10 个以上的卡方值，e3、e4 拉相关可以降低 4 个以上的卡方值，因此砍掉 e1 这个测量变量会降低较多的卡方值，因此选择删掉测量题项 4，进行重新估计，结果如图 4–13 所示，所有 3 个测量项对应的标准化因素负荷量分别是 0.81、0.95、0.88，在可接受的 >0.7 范围内，SMC 分别是 0.66、0.90、0.78，多元相关系数（SMC）>0.5 的标准，CR 为 0.91>0.7，AVE 为 0.78>0.5（Hair 等，2009）。由于只有 3 个题目，为恰好辨识，自由度为 0，为饱和模型，模型只有唯一解，因此卡方值为 0，没有适配度指标。

社会价值有 4 个测量项，共涉及 4 个观察变量，自由度为 4 × 5/2=10，估计参数为 4 个残差、3 个因素负荷量和 1 个变异数，计参数为 4+3+1=8，<df=10，假设模型为过度辨识，模型理论上可以估计，估计后的自由度为 10–8=2。由于样本未超过 1000 个，因此使用最大概似法作为 CFA 估计的方法。使用软件

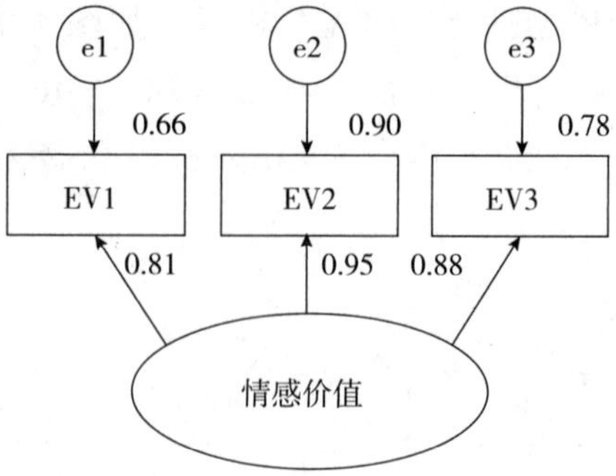

图 4-13　情感价值修正后 CFA 分析

Amos20.0 进行模型估计，CFA 分析后，如图 4-14 所示，所有 4 个测量项对应的标准化因素负荷量在 0.83~0.90 区间，SMC 在 0.68~0.80 区间，因素负荷量在可接受的 >0.7 范围内，多元相关系数（SMC）>0.5 标准（Hair 等，2010）。

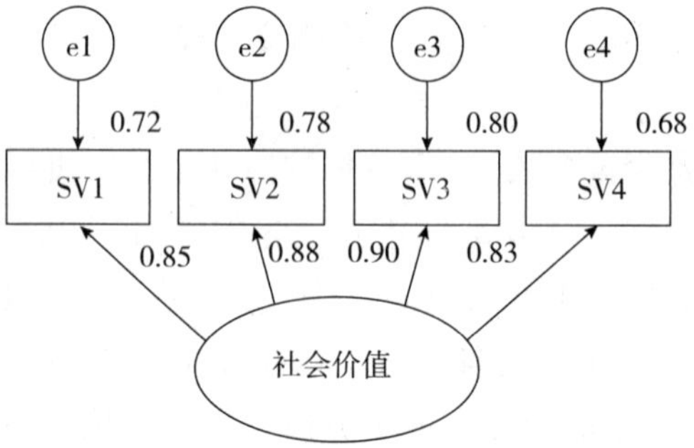

CMIN=8.54，df=2，CMIN/df=4.270

图 4-14　社会价值修正前 CFA 分析

模型的配适度指标中，χ^2=8.54，自由度 df=2，卡方自由度比 χ^2/df=4.270，不符合 <3 的标准，根据模型检定结果，需修正模型，Fornell 和 Larcker（1981）认为模型修正多数是变量缩减，一般依据的标准是：①删除因素负荷量低于 0.5 的项，说明该测量无法反映出真正潜在变量的测量。②删除有共线性存在的观察变量。③删除残差不独立的观察变量。根据共变异数修正指标看，e1、e2 拉相关可以降低 4 个以上的卡方值，e3、e4 拉相关可以降低 4 个以上卡方值，因此砍掉 e4 这个测量变量会降低较多的卡方值，因此选择删掉测量题项 4，进行重新估计，结果如图 4-15 所示，所有 3 个测量项对应的标准化因素负荷量分别是 0.86、0.89、0.88，在可接受的 >0.7 范围内，SMC 分别是 0.74、

0.79、0.77，多元相关系数（SMC）>0.5 的标准，CR 为 0.91>0.7，AVE 为 0.77>0.5（Hair 等，2009）。由于只有 3 个题目，为恰好辨识，自由度为 0，为饱和模型，模型只有唯一解，因此卡方值为 0，没有适配度指标。

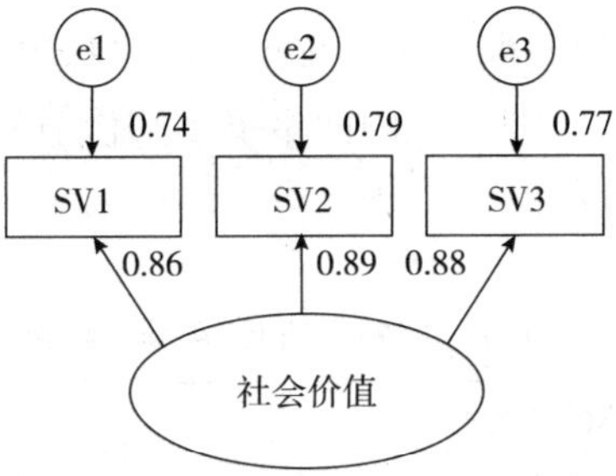

图 4-15 社会价值修正后 CFA 分析

感知价值包括功能价值、情感价值和社会价值 3 个变量，每个变量有 3 个测量项，感知价值共涉及 9 个观察变量，自由度为 9×10/2=45，估计参数为 9 个残差、6 个因素负荷量、3 个变异数和 3 个估共变异数，计参数为 9+6+3+3=21，<df=45，假设模型为过度辨识，模型理论上可以估计，估计后的自由度为 45-21=24。由于样本未超过 1000 个，因此使用最大概似法作为 CFA 估计的方法。使用软件 Amos20.0 进行模型估计，如图 4-16 所示。

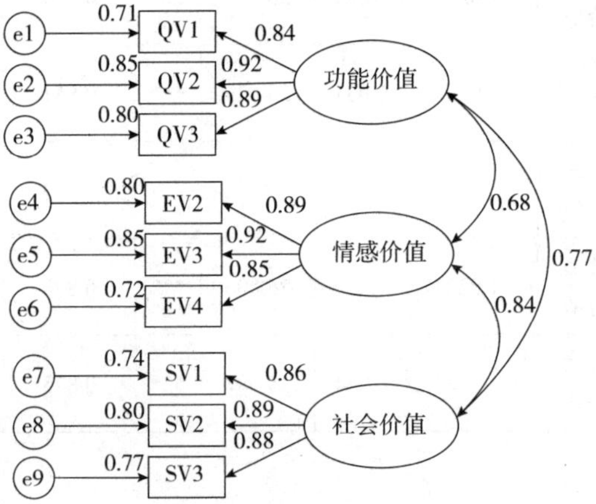

图 4-16 感知价值 CFA 分析

如表 4-7 所示，CFA 分析后，所有 9 个测量项对应的标准化因素负荷量在 0.85~0.92 区间，SMC 在 0.71~0.85 区间，因素负荷量在可接受的 >0.7 范围内，多元相关系数（SMC）大于 0.5 标准（Hair 等，2009），因素负荷在 p<0.001 的水平上显著，全部通过了 t 检验，因此 3 个因子的 9 个测项假设关系是存在的。残差均为正值而且显著，无违犯估计。组成信度（CR）分别是 0.92、0.91、0.91，均 >0.7 的标准，平均变异萃取量（AVE）分别是 0.79、0.78、0.77，均 >0.5 的标准（Fornell 和 Larcker，1981）。因此本书感知价值的 3 个构面具有较好的内部一致性和收敛效度。

表 4-7 感知价值 CFA 分析结果

			非标准化估计值	S.E.	C.R.	P	标准化估计值	SMC（R^2）	CR	AVE
质量价值 1	<--	功能价值	1				0.843	0.71	0.92	0.79
质量价值 2	<--	功能价值	1.114	0.043	26.022	***	0.92	0.85		
质量价值 3	<--	功能价值	1.06	0.042	24.994	***	0.894	0.80		
情感价值 2	<--	情感价值	1				0.893	0.80	0.91	0.78
情感价值 3	<--	情感价值	1.028	0.034	30.071	***	0.923	0.85		
情感价值 4	<--	情感价值	0.947	0.037	25.623	***	0.851	0.72		
社会价值 1	<--	社会价值	1				0.862	0.74	0.91	0.77
社会价值 2	<--	社会价值	1.023	0.039	26.006	***	0.893	0.80		
社会价值 3	<--	社会价值	1.116	0.044	25.087	***	0.875	0.77		

注：*** 表示 P<0.01。

表 4-8 所示，AVE 均 >4 个构面相关系数的平方值（Fornell 和 Larcker，1981），表明感知价值的 3 个构面的区隔效度明显。

表 4–8 感知价值 AVE 区别效度

	功能价值	情感价值	社会价值
功能价值	0.780		
情感价值	0.458	0.790	
社会价值	0.585	0.701	0.780

从表 4–9 可以看出，模型的配适度指标中，$p<0.05$，所以整体模型检定是显著的，表示模型样本与资料并不一致，但这可能是由样本数大所造成的，需看其他的配适度指标，$\chi^2=57.509$，自由度 df=24，卡方自由度比 $\chi^2/df=2.396$，GFI=0.973、AGFI=0.95、RMSEA=0.054、PNFI=0.657、IFI=0.99、CFI=0.99、SRMR=0.023，配适度指标均符合标准，主要参数的统计值都达到统计上的显著性，表明模型与样本没有太大差异。

表 4–9 感知价值 CFA 配适度指标

配适度指标	理想要求标准	研究模型
χ^2（df）	越小越好	57.509（24）
p 值	>0.05	p=0.000
χ^2/df	1~3	2.396
GFI	>0.8 可接受 >0.9 配适度良好	0.973
AGFI	>0.8 可接受 >0.9 配适度良好	0.95
RMSEA	<0.08	0.054
SRMR	<0.05	0.023
PNFI	>0.5	0.657
IFI	>0.9	0.99
CFI	>0.9	0.99

4.2.2.4 满意度的 CFA 分析

满意度有 4 个测量项，共涉及 4 个观察变量，自由度为 $4\times5/2=10$，估计参数为 4 个残差、3 个因素负荷量和 1 个变异数，计参数为 4+3+1=8，<df=10，假设模型为过度辨识，模型理论上可以估计，估计后的自由度为 10–8=2。由

于样本未超过 1000 个，因此使用最大概似法作为 CFA 估计的方法。使用软件 Amos20.0 进行模型估计，如图 4–17 所示。

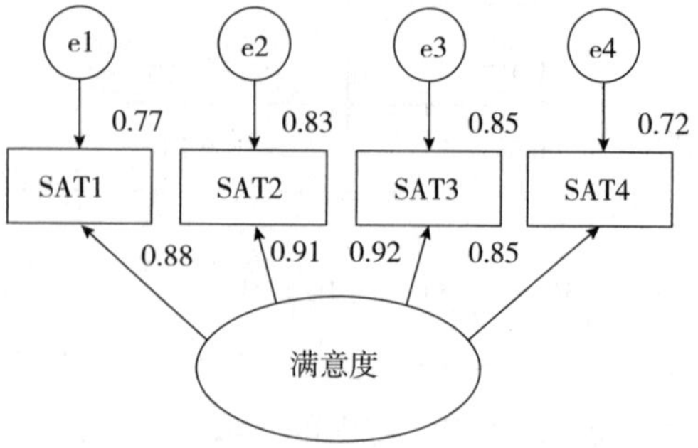

图 4–17　满意度 CFA 分析

CFA 分析后，如表 4–10 所示，所有 4 个测量项对应的标准化因素负荷量在 0.85~0.92 区间，SMC 在 0.72~0.85 区间，因素负荷量在可接受的 >0.7 范围内，多元相关系数（SMC）>0.5 的标准（Hair 等，2009），因素负荷在 p<0.001 的水平上显著，全部通过了 t 检验，因此 1 个因子的 4 个测项假设关系是存在的。残差均为正值而且显著，无违犯估计。组成信度（CR）为 0.94，>0.7 的标准，平均变异萃取量（AVE）为 0.79，>0.5 的标准（Fornell 和 Larcker，1981）。因此本书满意度的构面具有较好的内部一致性和收敛效度。模型的配适度指标中，P=0.886>0.05，表明假设模型与样本模型没有差异。

表 4–10　满意度 CFA 分析结果

			非标准化估计值	S.E.	C.R.	P	标准化估计值	SMC（R^2）	CR	AVE
满意度 1	<--	满意度	1				0.875	0.766	0.94	0.79
满意度 2	<--	满意度	1.009	0.035	28.899	***	0.914	0.835		
满意度 3	<--	满意度	1.041	0.035	29.392	***	0.921	0.849		
满意度 4	<--	满意度	0.908	0.037	24.791	***	0.846	0.716		

注：*** 表示 P<0.01。

4.2.2.5　行为意向的 CFA 分析

行为意向有 3 个测量项，共涉及 3 个观察变量，自由度为 3 × 4/2=6，估计参数为 3 个残差、2 个因素负荷量和 1 个变异数，计参数为 3+2+1=6，+df=6，假设模型为正好辨识，模型理论上可以估计，估计后的自由度为 6–6=0。由于样本未超过 1000 个，因此使用最大概似法作为 CFA 估计的方法。使用软件 Amos20.0 进行模型估计，如图 4–18 所示。

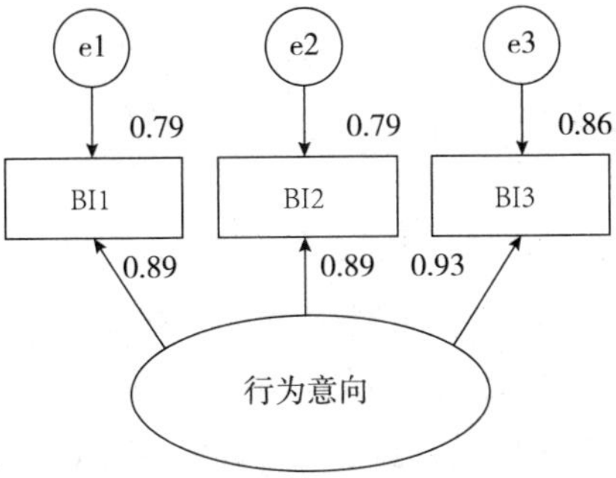

图 4–18　行为意向 CFA 分析

CFA 分析后，如表 4–11 所示，所有 3 个测量项对应的标准化因素负荷量在分别是 0.89、0.89、0.93，SMC 分别是 0.79、0.79、0.86，因素负荷量在可接受的 >0.7 范围内，多元相关系数（SMC）>0.5 的标准（Hair 等，2009），因素负荷在 P<0.001 的水平上显著，全部通过了 t 检验，因此 1 个因子的 3 个测项假设关系是存在的。残差均为正值而且显著，无违犯估计。组成信度（CR）为 0.93，>0.7 的标准，平均变异萃取量（AVE）为 0.81，>0.5 的标准（Fornell 和 Larcker，1981）。因此，本书行为意向的构面具有较好的内部一致性和收敛效度。由于只有 3 个题目，为恰好辨识，自由度为 0，为饱和模型，模型只有唯一解，因此卡方值为 0，没有适配度指标。

表 4–11　行为意向 CFA 分析结果

			非标准化估计值	S.E.	C.R.	P	标准化估计值	SMC（R^2）	CR	AVE
行为意向 1	<--	行为意向	1				0.887	0.786		
行为意向 2	<--	行为意向	1.041	0.038	27.519	***	0.890	0.792	0.93	0.81
行为意向 3	<--	行为意向	1.098	0.038	29.266	***	0.927	0.86		

注：*** 表示 P<0.01。

4.3 结构模型的评价和假设检验

4.3.1 结构模型估计

应用SEM作为理论模型验证时，不错的适配度是SEM分析的必要条件（Byme，2010），适配度越好代表模型与样本越接近。Thomopson（2004）认为，研究者在执行分析结构方程之前，应先分析测量模型，它是整体模型的一部分，测量模型有信度，测量构面间的连接才有意义。Olsen和Kenny（2006）强调，社会科学及行为科学对CFA的重视胜于SEM，CFA可以提供有关于模型设定、评估及对结果的信心水平提供足够的信息。Kline（2005）认为，在执行结构模型评估前先验证测量模型。但是Anderson和Gerbing（1990）建议除了测量模型与结构模型分开验证外，在SEM分析前需要先检查所有构面之间的相关、强度和方向是否符合理论上的要求，进行Bollen二阶段检定，如图4–19所示。

Bollen二阶段检定，如表4–12所示，所有参数符合配适度标准，从表4–13估计的标准化系数来看，所有潜在变量之间的两两相关介于0.395~0.911，大部分中度相关，表示变量之间没有共线性存在，也没有不相关的变量存在SEM的研究中。

表4–12 Bollen二阶段检定模型配适度指标

配适度指标	理想要求标准	研究模型
χ^2（df）	越小越好	697.143（314）
p值	>0.05	p=0.000
χ^2/df	1~3	2.220
GFI	>0.8可接受>0.9配适度良好	0.904
AGFI	>0.8可接受>0.9配适度良好	0.876
RMSEA	<0.08	0.051
SRMR	<0.05	0.0345
PNFI	>0.5	0.786
IFI	>0.9	0.970
CFI	>0.9	0.970

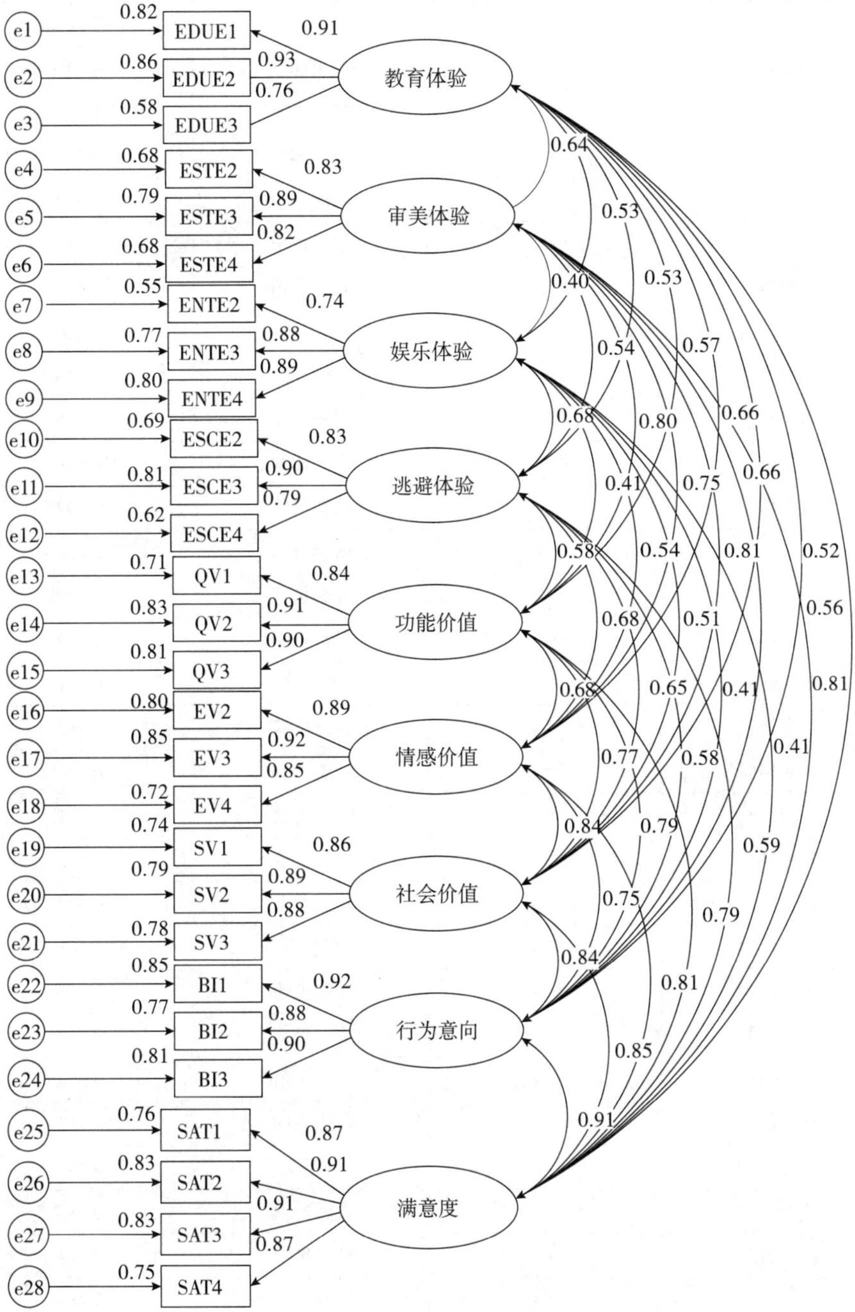

图 4-19 Bollen 二阶段检定

表 4-13　Bollen 检定标准化相关系数

			Estimate
教育体育	<--	审美体验	0.639
教育体育	<--	娱乐体验	0.532
教育体育	<--	逃避体验	0.532
教育体育	<--	功能价值	0.567
教育体育	<--	情感价值	0.655
教育体育	<--	社会价值	0.658
教育体育	<--	行为意向	0.52
教育体育	<--	满意度	0.556
审美体验	<--	娱乐体验	0.395
审美体验	<--	逃避体验	0.539
审美体验	<--	功能价值	0.797
审美体验	<--	情感价值	0.755
审美体验	<--	社会价值	0.809
审美体验	<--	行为意向	0.819
审美体验	<--	满意度	0.811
娱乐体验	<--	逃避体验	0.682
娱乐体验	<--	功能价值	0.408
娱乐体验	<--	情感价值	0.541
娱乐体验	<--	社会价值	0.508
娱乐体验	<--	行为意向	0.407
娱乐体验	<--	满意度	0.408
逃避体验	<--	功能价值	0.579
逃避体验	<--	情感价值	0.684
逃避体验	<--	社会价值	0.653
逃避体验	<--	行为意向	0.585
逃避体验	<--	满意度	0.594
功能价值	<--	情感价值	0.683
功能价值	<--	社会价值	0.774
功能价值	<--	行为意向	0.786
功能价值	<--	满意度	0.793

续表

			Estimate
情感价值	<--	社会价值	0.839
情感价值	<--	行为意向	0.749
情感价值	<--	满意度	0.806
社会价值	<--	行为意向	0.843
社会价值	<--	满意度	0.846
行爲意向	<--	满意度	0.911

表 4–14 结果显示，所有误差变异数均为正值，没有出现负数，所有误差变异数均显著，表示每个误差变异数存在，回归估计值并没有超过 0.95 甚至超过 1，也没有过大的标准误，所以研究模型没有违犯估计的情形发生。

表 4–14　变量违犯估计检定

变量名称	估计值	标准误 S.E.	C.R（t-value）	显著性（p-value）
教育体育	2.089	0.171	12.194	***
审美体验	1.461	0.136	10.762	***
娱乐体验	1.465	0.159	9.23	***
逃避体验	1.78	0.165	10.769	***
功能价值	1.539	0.137	11.247	***
情感价值	1.705	0.138	12.308	***
社会价值	1.475	0.127	11.578	***
行为意向	2.013	0.155	13.005	***
满意度	1.771	0.148	11.983	***
e1	0.528	0.056	9.503	***
e2	0.333	0.048	6.986	***
e3	0.467	0.075	13.756	***
e4	0.687	0.056	12.314	***
e5	0.43	0.043	10.02	***
e6	0.733	0.059	12.421	***
e7	0.745	0.087	13.344	***
e8	0.604	0.065	9.272	***

续表

变量名称	估计值	标准误 S.E.	C.R（t-value）	显著性（p-value）
e9	0.497	0.062	8.055	***
e10	0.799	0.07	11.432	***
e11	0.495	0.059	8.406	***
e12	0.578	0.084	12.725	***
e13	0.621	0.05	12.522	***
e14	0.373	0.04	9.372	***
e15	0.443	0.041	10.723	***
e16	0.445	0.039	11.356	***
e17	0.304	0.033	9.165	***
e18	0.596	0.046	12.831	***
e19	0.527	0.043	12.367	***
e20	0.406	0.036	11.23	***
e21	0.545	0.047	11.592	***
e22	0.379	0.036	10.646	***
e23	0.572	0.046	12.351	***
e24	0.484	0.042	11.432	***
e25	0.557	0.043	13.085	***
e26	0.378	0.032	11.914	***
e27	0.377	0.032	11.734	***
e28	0.514	0.039	13.254	***

注：*** 表示 P<0.01。

4.3.2 结构模型假设检验

本结构模型共包括 9 个变量，其中教育体验、审美体验、娱乐体验和逃避体验 4 个外生潜在变量影响 5 个内生潜在变量，分别为功能价值、情感价值、社会价值、满意度和行为意向，共有 28 个测量指标变量。以 Amos 绘制的完整的结构方程模型，如图 4-20 所示。

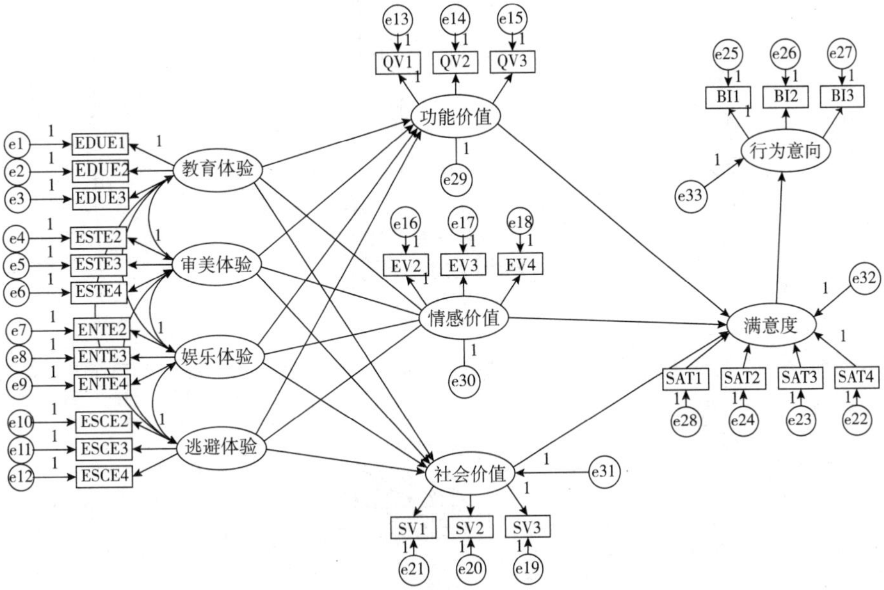

图 4–20 本书结构方程假设模型

图 4–20 中，每个潜在变量均有 3~4 个测量变量（Noar，2003），由于模型估计了测量误差，使潜在变量间的不偏估计值变得可能。一旦模型建立，程序会自动产生共变异数矩阵，利用最大概似法估计程序计算所有变量之间的关系，并计算模型适配度，以下就是利用 SEM 模型进行的探讨。

为了评估假设模型与资料模型的适配度程度，一个必要非充分条件必须符合模型设定（Bollen，1989），分析中的变量提供的信息（自由度）必须大于（过度辨识）或等于（恰好辨识）模型估计的参数（Bentler 和 Chou，1987）。SEM 模型共有 28 个测量项，自由度（df）为 28×29/2=406，SEM 模型根据 Raykov 和 Marcoulides（2006）的准则估计假设模型参数，估计参数有 35 个因素负荷量及回归系数，6 个外生变量间的共变异数，37 个变异数，合计估计参数为 35+6+37=78，<df=406，假设模型为过度辨识，模型理论上可以估计，估计后的自由度为 406−78=328。由于样本未超过 1000 个，因此使用最大概似法作为估计的方法。使用软件 Amos20.0 进行模型估计，如图 4–21 所示。

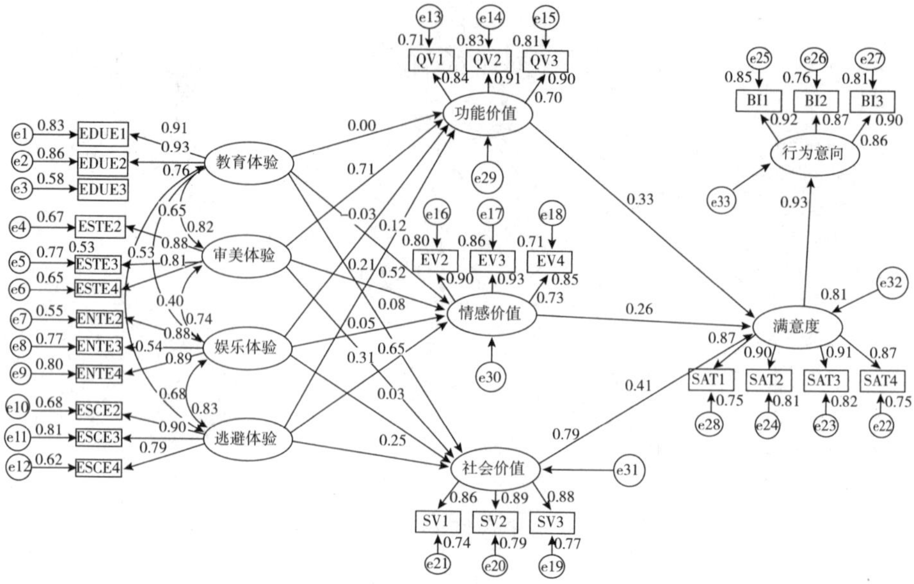

图 4-21 本书结构模型分析

如表 4-15 所示，SEM 分析后，在整体结构模型的配适度指标中，χ2=821.518，自由度 df=78，p<0.01，卡方自由度比 χ2/df=2.505、GFI=0.888、AGIF=0.861、RMSEA=0.057、PNFI=0.813、IFI=0.961、CFI=0.961、SRMR=0.0399 大部分符合标准，但模型的分析结果得到 p 值为 0.000，是显著的结果，拒绝 0 假设，即模型不配适，通常 p 值显著有两个原因：一个是大样本所造成的，另一个是模型真的适配度不好，为厘清此一情形，Bollen 和 Stine Bootstrap（1992）建议利用 Bollen 和 StineBootstrap 值校正。该方法是利用取出放回的重抽样技术，修正模型卡方值，检验模型配适度，调整缺乏多元常态分配的资料。两个模型在经过 1000 次的 Bootstrap 之后，均得到 998 次的模型是配适度良好，只有两次是配适度差，下一个较差的模型的概率是 p=0.003，表示最大概似法所估计的 p 值显著是真的因为样本数过大造成的，而不是模型配适度不好造成的。经过 Bollen 和 Stine Bootstrap 值校正，p=0.003 拒绝 0 假设，即 Bootstrap 样本模型卡方值与原始样本卡方值的确有差异，因此原始模型 p 值显著纯粹是因为样本数大所造成的。

表 4-15 本书结构模型的配适度指标

配适度指标	理想要求标准	研究模型
χ^2（df）	越小越好	821.518（78）
p 值	>0.05	p=0.000
χ^2/df	1~3	2.505
GFI	>0.8 可接受 >0.9 配适度良好	0.888
AGFI	>0.8 可接受 >0.9 配适度良好	0.861
RMSEA	<0.08	0.057
SRMR	<0.05	0.0399
PNFI	>0.5	0.813
IFI	>0.9	0.961
CFI	>0.9	0.961

本书由于样本数及自由度都很大，因此不论是在 close fit 检定或 not close fit 检定中，统计检定力皆为 1，即对本书所得到的结果 100% 有信心。

表 4-16 结构模型的路径检验

假设路径关系			非标准化路径系数	标准误	T 值（C.R.）	P	标准化路径系数
功能价值	<--	教育体验	0.002	0.043	0.051	0.959	0.003
情感价值	<--	教育体验	0.11	0.043	2.593	0.01	0.124
社会价值	<--	教育体验	0.078	0.044	1.786	0.074	0.084
功能价值	<--	审美体验	0.741	0.061	12.214	***	0.714
情感价值	<--	审美体验	0.567	0.056	10.159	***	0.519
社会价值	<--	审美体验	0.74	0.06	12.385	***	0.653
功能价值	<--	娱乐体验	-0.032	0.055	-0.586	0.558	-0.031
情感价值	<--	娱乐体验	0.06	0.054	1.102	0.27	0.055
社会价值	<--	娱乐体验	0.03	0.055	0.537	0.591	0.026
情感价值	<--	逃避体验	0.304	0.054	5.648	***	0.307
社会价值	<--	逃避体验	0.254	0.055	4.652	***	0.248

续表

假设路径关系			非标准化路径系数	标准误	T 值（C.R.）	P	标准化路径系数
功能价值	<--	逃避体验	0.202	0.054	3.724	***	0.214
满意度	<--	功能价值	0.327	0.044	7.349	***	0.33
满意度	<--	情感价值	0.24	0.046	5.196	***	0.256
满意度	<--	社会价值	0.369	0.053	7	***	0.408
行为意向	<--	满意度	1.065	0.042	25.194	***	0.925

注：*** 表示 P<0.001。

从表 4–16 可知，审美体验（$\beta^{ESTE \to QV}$=0.714，t=12.214，P<0.05），逃避体验（$\beta^{ESCE \to QV}$=0.214，t=3.724，P<0.05）对民宿客功能感知价值有显著正向影响，这样 H2a、H4a 假设得到支持，而教育体验（$\beta^{EDUE \to QV}$=0.003，t=0.051，P>0.05）和娱乐体验（$\beta^{ENTE \to QV}$=–0.031，t=–0.586，P>0.05）对民宿客功能感知价值没有显著影响，特别是娱乐体验对民宿客功能感知价值有负向影响，这样拒绝 H1a、H3a 假设。

教育体验（$\beta^{EDUE \to EV}$=0.124，t=2.593，P<0.05），审美体验（$\beta^{ESTE \to EV}$=0.519，t=10.159，P<0.05）和逃避体验（$\beta^{ESCE \to EV}$=0.307，t=5.648，P<0.05）对民宿客情感感知价值有显著正向影响，这样 H1b、H2b、H4b 假设得到支持，而娱乐体验（$\beta^{ENTE \to EV}$=0.055，t=1.102，P>0.05）对民宿客情感感知没有显著影响，拒绝 H3b 假设。

审美体验（$\beta^{ESTE \to SV}$=0.653，t=12.385，P<0.05），逃避体验（$\beta^{ESCE \to SV}$=0.248，t=4.652，P<0.05）对民宿客社会感知价值有显著正向影响，这样 H2c、H4c 假设得到支持，而教育体验（$\beta^{EDUE \to SV}$=0.084，t=1.786，P>0.05），娱乐体验（$\beta^{ENTE \to SV}$=0.026，t=0.537，P>0.05）对民宿客社会感知价值没有显著影响，拒绝 H1c 和 H3c 假设。

民宿客功能感知价值（$\beta^{QV \to SAT}$=0.33，t=7.349，P<0.05），情感感知价值（$\beta^{EV \to SAT}$=0.256，t=5.196，P<0.05）和社会感知价值（$\beta^{SV \to SAT}$=0.408，t=7，P<0.05）对满意度有显著正向影响，这样 H5a、H5b 和 H5c 假设得到支持。

民宿客满意度（$\beta_{SAT \to BI}$=0.925，t=25.194，P<0.05）对行为意向有显著正向影响，接受 H6 假设。

表 4-17 本书所有假设检验结果

假设序号	假设内容	检验结果
H1a	教育体验对民宿客功能感知价值有正向影响	不支持
H1b	教育体验对民宿客情感感知价值有正向影响	支持
H1c	教育体验对民宿客社会感知价值有正向影响	不支持
H2a	审美体验对民宿客功能感知价值有正向影响	支持
H2b	审美体验对民宿客情感感知价值有正向影响	支持
H2c	审美体验对民宿客社会感知价值有正向影响	支持
H3a	娱乐体验对民宿客功能感知价值有正向影响	不支持
H3b	娱乐体验对民宿客情感感知价值有正向影响	不支持
H3c	娱乐体验对民宿客社会感知价值有正向影响	不支持
H4a	逃避体验对民宿客功能感知价值有正向影响	支持
H4b	逃避体验对民宿客情感感知价值有正向影响	支持
H4c	逃避体验对民宿客社会感知价值有正向影响	支持
H5a	民宿客功能感知价值对满意度有正向影响	支持
H5b	民宿客情感感知价值对满意度有正向影响	支持
H5c	民宿客社会感知价值对满意度有正向影响	支持
H6	民宿客满意度对行为意向有正向影响	支持

由表 4-17 看出，民宿客 4E 体验通过功能感知价值、情感感知价值和社会感知价值对其满意度产生作用，最终作用其行为意向。

4.4 人口统计特征的方差分析

本节采用 SPSS 统计分析软件中的独立样本 t 检验和单因素 ANOVA 分析不同性别、年龄、客源地、可自由支配收入、职业、受教育程度、游伴和信息来源等民宿客个体属性在 4E 体验、感知价值、满意度和行为意向的差异性。在变异数方差同质性检验中，如果 Levene 统计中 $P>0.05$，说明不同组的方差差异均未达显著，即均未违反方差同质性假定，可以使用方差分析，可以通过观察F检验的F值，对F值显著的变量可以选择Scheffe法、LSD法或HSD法做进一步的事后比较，本书采用LSD法（适合做探索性）。而对于Levene统计P值<0.05的变量，说明该群样本的方差不具有同质性，研究者可以不进行数据转换而直接从SPSS中提供的4种方差未假定方差齐性的事后比较方法（Tamhane's T2、Dunnett's T3、Games-Howell、Dunnctt's）中选择一种来进行事后多重比较（张伟豪，2012）。

4.4.1 性别对各变量的影响

性别对4E体验、感知价值、满意度和行为意向的独立样本T检验如表4-18所示。结果表明女性客人在审美体验、满意度和行为意向方面与男性客人有显著不同，女性客人比男性客人更关注民宿的审美体验，对所住民宿满意度比男性高，也更愿意向他人推荐或宣传该民宿，其他变量男性与女性没有差异。

表4-18 不同性别民宿客在各因素构面的T检验

构面	性别	样本数	均值	标准差	P值
教育体验	女	250	4.734	1.40451	0.10721
	男	222	4.518	1.38214	
审美体验	女	250	5.258	1.23411	0.04013
	男	222	4.9955	1.36661	
娱乐体验	女	250	4.16	1.33568	0.18460
	男	222	3.9718	1.38718	
逃避体验	女	250	4.414	1.39872	0.09926
	男	222	4.2207	1.32895	
功能价值	女	250	5.038	1.28224	0.21165
	男	222	4.8818	1.40411	
情感价值	女	250	4.876	1.30785	0.29278
	男	222	4.759	1.34993	

续表

构面	性别	样本数	均值	标准差	P 值
社会价值	女	250	5.068	1.29405	0.17062
	男	222	4.9122	1.32657	
满意度	女	250	5.167	1.29172	0.01611
	男	222	4.8581	1.41166	
行为意向	女	250	3.885	1.06422	0.01154
	男	222	3.6363	1.15205	

4.4.2 年龄对各变量的影响

民宿客年龄对 4E 体验、感知价值、满意度和行为意向的单因素分析结果如表 4–19 所示。结果表明民宿客年龄在教育体验、社会价值和行为意向上有显著差异。通过事后 LSD 法多重比较表看出，在教育体验、社会价值上，31~44 岁年龄组和 18~24 岁年龄组及 25~30 岁年龄组有显著差异；在社会价值上，45~59 岁年龄组与 18~24 岁年龄组有显著差异；在行为意向上，31~44 岁年龄组和 25~30 岁年龄组与 18~24 岁年龄组有显著差异，45~59 岁年龄组与 18~24 岁年龄组有显著差异。

表 4–19 不同年龄民宿客在各因素构面的 ANOVA 分析

年龄分组	样本数	教育体验	审美体验	娱乐体验	逃避体验	功能价值	情感价值	社会价值	满意度	行为意向
18~24 岁	59	4.1059	4.8136	3.839	4.0975	4.6314	4.5424	4.5763	4.8263	3.3898
25~30 岁	113	4.3164	5.0066	3.8584	4.146	4.8407	4.7124	4.8473	4.8496	3.6504
31~44 岁	187	4.9465	5.2995	4.262	4.4666	5.1471	5.012	5.1952	5.1791	3.9345
45~59 岁	105	4.7119	5.1667	4.069	4.3786	4.9429	4.7548	5.0333	5.0429	3.8119
60 岁以上	8	4.5938	5.0313	4.375	4.4063	5.1875	4.8125	4.9688	4.9375	3.75
F 值		6.261	1.96	2.157	1.444	2.097	1.886	3.031	1.409	3.167
P 值		0.000	0.1	0.073	0.218	0.08	0.112	0.017	0.23	0.014

4.4.3 职业对各变量的影响

民宿客职业对 4E 体验、感知价值、满意度和行为意向的单因素分析结果，如表 4-20 所示。结果表明民宿客职业在教育体验、娱乐体验、功能价值、情感价值、社会价值和行为意向上有显著差异。通过事后 LSD 法多重比较表看出，在教育体验上，机关及事业单位员工对个体经营者和自由职业者有显著差异；企业职工对个体经营者、自由职业者和其他职业有显著差异；学生对个体经营者、自由职业者和其他职业有显著差异。在娱乐体验上，机关事业单位员工对企业职工、个体经营者、自由职业者和其他职业有显著差异；学生对自由职业者有限显著差异。在功能价值上，机关及企事业单位员工对个体经营者、自由职业者、离退休人员和其他职业者有显著差异；企业职工对个体经营者有显著差异；学生对个体经营者、自由职业者和离退休人员有显著差异。在情感价值上，机关及事业单位员工对个体经营者和其他职业者有显著差异；企业职工对个体经营者有显著差异；学生对其他职业者有显著差异。在社会感知上，机关及事业单位对其他职业有显著差异；个体经营者对学生有显著差异；学生对个体经营者、自由职业者和其他经营者有显著差异。在行为意向上机关及事业单位对其他职业者有显著差异；学生对个体经营者和自由职业者有显著差异。

表 4-20 不同职业民宿客在各因素构面的 ANOVA 分析

职业分组	样本数	教育体验	审美体验	娱乐体验	逃避体验	功能价值	情感价值	社会价值	满意度	行为意向
机关及事业单位员工	59	4.2712	5.0127	3.4322	4.0847	4.5297	4.5593	4.8178	4.7331	3.589
企业职工	118	4.2627	4.928	4.0233	4.2564	4.8347	4.5805	4.8432	5.0106	3.6843
个体经营者	111	4.8896	5.1554	4.1261	4.3784	5.1824	4.973	5.1554	5.1396	3.8784
学生	24	4.3125	4.8229	3.8854	3.9583	4.4375	4.6458	4.4583	4.5521	3.2396
自由职业者	91	4.8736	5.2665	4.3159	4.4093	5.1071	4.967	5.0687	5.033	3.8599
离退休人员	16	4.3906	5.2969	4.1563	4.375	5.375	4.7813	4.8594	5.1094	3.6875
其他	53	5.1226	5.5519	4.4151	4.6226	5.1509	5.1698	5.3491	5.2877	4.0283

续表

职业分组	样本数	教育体验	审美体验	娱乐体验	逃避体验	功能价值	情感价值	社会价值	满意度	行为意向
F 值		4.705	1.939	3.462	1.149	2.987	2.167	2.144	1.425	2.081
P 值		0.000	0.073	0.002	0.333	0.007	0.045	0.047	0.203	0.054

4.4.4 可自由支配收入对各变量的影响

民宿客可自由支配收入对 4E 体验、感知价值、满意度和行为意向的单因素分析结果，如表 4-21 所示。结果表明民宿客可自由支配收入在教育体验、娱乐体验、逃避体验、功能价值、社会价值、满意度和行为意向上有显著差异。通过事后 LSD 法多重比较表看出，在教育体验上，1000 元以下对 2500~3999 元、4000~6999 元及 7000 元以上收入的显著差异；2500~3999 元对 4000~6999 元有显著差异。在娱乐体验上 1000 元以下对其他收入都有显著差异。在逃避体验上，1000 元以下的对 2500 元以上收入的有显著差异。在功能价值上，1000 元以下对 2500 元以上收入的有显著差异；1000~2499 元对 4000~6999 元的有显著差异。在社会价值上，1000 元以下对 1001 元以上收入的有显著差异；1001~2499 元对 4000 元以上收入的有显著差异。在满意度上，1000 元以下对 2500 元以上收入的有显著差异；1000~2499 元对 4000~6999 元以上收入的有显著差异。在行为意向上，1000 元以下对 2500 元以上收入都有显著差异，1000~2499 元对 4000 元以上收入的显著差异。

表 4-21 不同收入民宿客在各因素构面的 ANOVA 分析

收入分组	样本数	教育体验	审美体验	娱乐体验	逃避体验	功能价值	情感价值	社会价值	满意度	行为意向
1000 元以下	6	3.125	4.25	2.375	2.833	3.4583	3.791	2.9583	3.5833	2.5
1001~2499 元	24	4.1771	4.9167	4.1563	4.104	4.4792	4.354	4.3333	4.5	3.270
2500~3999 元	102	4.4167	5.1054	4.1373	4.259	5.049	4.789	4.8578	5.0417	3.688
4000~6999 元	153	4.781	5.299	4.2108	4.527	5.1275	4.895	5.2304	5.2402	3.946
7000 元以上	187	4.7353	5.0722	3.9652	4.266	4.8957	4.870	5.0267	4.9452	3.770
F 值		3.766	1.595	3.151	2.972	3.538	1.856	7.038	3.808	4.381
P 值		0.005	0.174	0.014	0.019	0.007	0.117	0.000	0.005	0.002

4.4.5 游伴对各变量的影响

民宿客游伴对 4E 体验、感知价值、满意度和行为意向的单因素分析结果如表 4-22 所示。表明民宿客游伴在教育体验、娱乐体验、审美体验、功能价值、情感价值、社会价值、满意度和行为意向上有显著差异。通过事后 LSD 法多重比较表看出，在教育体验上，一个人来对陪家人、陪朋友和其他有显著差异。在审美体验上，一个人对陪朋友和其他有显著差异；陪朋友对陪家人、与同事和其他有显著差异。在功能价值上，一个人对陪朋友有显著差异；陪朋友对陪家人和与同事有显著差异。在情感价值上，一个人对陪朋友有显著差异；陪家人对陪朋友有显著差异。在社会价值上，一个人对陪朋友有显著差异；陪家人对陪朋友和与同事有显著差异。在满意度上，陪家人对陪朋友有显著差异。在行为意向上，一个人对陪朋友有显著差异；陪家人对陪朋友有显著差异。

表 4-22 不同游伴民宿客在各因素构面的 ANOVA 分析

游伴分组	样本数	教育体验	审美体验	娱乐体验	逃避体验	功能价值	情感价值	社会价值	满意度	行为意向
一个人	116	4.8103	5.2328	4.0366	4.2328	5.1853	4.9181	5.0862	5.0409	3.7974
陪家人	78	4.3974	5.3173	3.9199	4.3494	5.0545	5	5.1955	5.3558	3.9263
陪朋友	131	4.2977	4.6985	3.9408	4.1947	4.4981	4.479	4.5324	4.6756	3.4561
与同事	80	4.4781	5.0469	4.0438	4.4156	4.9719	4.6781	4.9531	4.8656	3.7656
其他	67	5.4366	5.709	4.597	4.5896	5.3806	5.2836	5.556	5.4627	4.1455
F 值		9.314	8.008	3.119	1.15	6.757	5.121	8.246	5.561	5.092
P 值		0.000	0.000	0.016	0.332	0.000	0.001	0.000	0.000	0.001

4.5 本章小结

本章以在 2019 年 9~12 月入住福建厦门、海南、广西阳朔、云南丽江、广东广州、浙江莫干山和宁波等 6 省市的 45 家民宿的共计 530 位住宿客为对象，就 4E 体验、顾客感知价值、满意度和行为意向的概念模型进行了正式的调研，运用 SPSS20.0 和 AMOS 20.0 统计软件来验证概念模型及提出的 16 个相关假设。主要从以下几个方面开展实证分析：

第一，对收回的 472 份有效问卷从样本的人口统计特征进行了描述性统计分析。

第二，通过 Cronbach's α 系数验证样本的信度，并通过 EFA 计算变量的组合信度（CR）和平均变异抽取量（AVE）来检验样本的收敛效度和区隔效度，进而确认其建构效度。

第三，通过 CFA 分别检验了 4E 体验、感知价值、满意度和行为意向测量模型的适配度情况，并把具有共变形的测量项删除，形成最佳的测量模型。

第四，通过 CFA 检验了整个假设模型的适配情况，对其不显著性进行了 Bollen 检定，确认是由样本数较大所引起的，从而确认了假设模型主要的拟合指数达到了最佳的适配标准，变量之间的假设关系得到验证，具体见表 4-17。

第五，通过独立样本 t 检验和单因素方差分析，发现民宿客不同的人口统计变量对 4E 体验、感知价值、满意度和行为意向影响有不同。

5　结论分析与研究展望

上述实证分析表明，基于体验经济的 4E 体验、民宿客感知价值对满意度和行为意向有影响，本部分将对其具体的影响关系进行归纳总结，并提出本书的研究结论和管理启示，指出本书的局限性和未来进一步研究的方向。

5.1　结论与讨论

5.1.1　4E 体验对感知价值的影响

本书的研究结果表明，4E 体验对功能感知价值、情感感知价值和社会感知机制影响路径与 Song、Lee、Park、Hwang 和 Reisinger（2015）的研究有差异。审美体验、逃避体验对民宿客功能感知价值有正向影响，娱乐体验对民宿客功能感知价值有负向影响。分析原因在于本次调研的皆是依据 2017 年 10 月 1 日正式实施的《旅游民宿基本要求与评价》第 3 条第 3 款所列民宿主人自营并参与接待，以及第 7 条第 3 款规定的民宿客，且这些民宿都是依据一定的在地资源而建，或自然、或人文、或建筑，各有特色。60% 以上的民宿客是外省人，逃离惯常环境寻找差异化的体验产品，注重自我突破，看重每次出游的个性化感受，脱离标准化商品与日常生活的相关性，向传统回归，成为宾客选择民宿的重要原因。85% 以上的客人受过高等教育，入住民宿主要目的是享受民宿所在地的自然和人文景观，或逃离日常生活。民宿中有娱乐功能会模糊了民宿与其他星级酒店的界限。更重要的是中西方对“娱乐”一词的理解有一定差距，西方文化崇尚冒险与活力，而东方文化钟爱安宁与平稳（刘吉，2014）。根据笔者的访谈，宾客选择入住民宿而不是标准化酒店的原因之一就是希望有宁静的环境，而不是由主人或其他宾客带来的娱乐节目，因此民宿客娱乐体验对功能感知的负向影响就不难理解。

教育体验、审美体验和逃避体验对民宿客情感感知价值有显著正向影响，而娱乐体验对民宿客情感感知影响不显著。情感是宾客在消费过程中的心境感觉和情感变化，是宾客与企业之间的情感纽带（Sheth，1991）。民宿客在民宿中的体验消费是其心理、生理、智力和精神水平处于高度刺激状态时形成的。教育体验、审美体验和逃避体验对民宿客的智力、心理和生理都会有较大影响，进而形成对民宿的情感价值，而娱乐体验不是民宿客在民宿中所关注的。

审美体验、逃避体验对民宿客社会感知价值有显著正向影响。而教育体验、娱乐体验对民宿客社会感知价值没有显著影响。从层次性感知价值构成来看，社会感知价值是人类较高层次的需求，体现了民宿客与社会关联的强度，有助于民宿客感知自身在特定社会群体中的社会地位、身份和归属感。从民宿客人口统计特征来看 31 岁以上的企事业单位员工和可自由自配收入在 4000 元以上的调研人群比其他人群在审美体验、逃避体验和社会感知价值上影响更显著，这些人群更倾向于民宿的审美性和逃避性，以体现自己的社会阶层和身份，实现与其他入住标准化酒店宾客的差异性，而教育体验和娱乐体验在这方面体现不明显。

5.1.2 感知价值对满意度的影响

Song、Lee、Park、Hwang 和 Reisinger（2015）经检验认为，禅修者的功能感知价值和情感感知价值对满意度有显著正向影响，本书加入社会感知这一变量，研究发现民宿客除了功能感知价值、情感感知价值外，社会感知价值也对满意度有显著正向影响，感知价值组成部分（功能价值、社会价值、情感价值、认知价值、场景价值、环境价值等）对宾客满意度有正向影响，国内外学者也得出相同的结论（Anderson 和 Sullivan，1993；Howat，1999；Mcdougall 和 Levesque，2000；Ulaga，2001；Ryu 和 Taehee，2008；蒋廉雄和卢泰宏，2006；徐伟和景奉杰，2008；Chen 和 Chen，2010；Kim 和 Thapa，2018；Wu 和 Li，2018），关于民宿业中功能价值、情感价值和社会价值对满意度的正向作用，本书第一次提出，并得到验证，进一步丰富了影响满意度因素的业态。

5.1.3 满意度对行为意向的影响

Alstead（1989）指出，衡量消费者满意度的真正价值在于它为预测客户的消费后反映所创造的潜力。游客的满意度与行为意向密切相关，尤其是推荐的可能性（Bigne 和 Sanchez，2001）。Petrick（2004）认为，满意度较高的宾客会产生积极的口碑影响力。本书研究发现民宿客满意度同样对其行为意向有积极影响，而且 78% 的宾客会通过移动互联网，特别是通过微信朋友圈把自己在民宿中的满意体验（照片、文字、小视频）分享出去，供圈内朋友参考。

5.2 理论贡献及实践启示

5.2.1 理论贡献

本书在参考境内外学者民宿相关研究文献的基础上，结合国内民宿的发展、法律和中国文化提出本书的民宿概念，总结了其特点，根据 Pine 和 Gilmore（1999）的体验经济理论，研究 4E 体验、民宿客感知价值、满意度和行为意向之间的关系，对相关学者的研究成果进行了拓展和深化，主要理论贡献可归纳为以下三个方面：

5.2.1.1 明确了中国文化背景下的民宿概念和特征

始于 2001 年的白玛多吉的松赞民宿开启了中国民宿元年，并成为中国民宿的鼻祖，2012 年 12 月中国政府颁布的八项规定成为中国民宿发展的转折点，此后出现了中国民宿“井喷式”发展，而且愈演愈烈。学术界也不断有民宿研究学者发声，但真正给出贴切中国文化的民宿概念，并归纳其特征的现有研究较少，本书结合前人研究成果，考虑了中国文化、后现代消费者特征、与标准化酒店差异等要素，认为民宿是具有一定特长（或资源）和情怀的主人利用自有闲置房产或长期租用他人房产，营造的环境清幽、可达性强、有较强在地文化，能够为客人提供小规模、绿色、健康、有特色的住宿场所，主人是民宿的主体，在地文化是民宿的核心，主客互动是民宿客感知价值实现的重要方式，家的氛围是民宿的灵魂。强调暖而美的生活化，非大而美的品牌化和小而美的精品化，主人是一家民宿的灵魂，只有主人才能创造家的氛围，而非西方的共享住宿。

5.2.1.2 扩充了体验经济理论在住宿业中的应用

Pine 和 Gilmore（1999）的体验经济理论所包含的教育体验、审美体验、娱乐体验和逃避体验在共享住宿业、游轮、博物馆、葡萄酒、电影节、博彩、禅修等行业中得到进一步研究（Oh、Fiore 和 Jeoung，2007；Hosany 和 Witham，2010；Mehmetoglu 和 Eengen，2011；Radde 和 Han，2015；Quadri-Felitti 和 Fiore，2012；Park，2010；Song、Lee、Park、Hwang 和 Reisinger，2015），但在中国住宿业，特别是民宿业没有学者涉及，第一次把这一理论通过实证的方法验证了 4E 体验在民宿客消费过程中与功能价值、情感价值和社会价值的关系，丰富了体验经济理论的运用范围，充分说明了 Pine 和 Gilmore（1999）体验经济理论对具有后现代主义的中国消费者的消费行为具有指导意义，在中国中产阶级追求简约、差异生活，选择适合自己的居住环境和"小确幸"的满足感成为"新幸福"标准的背景下，中国民宿与体验经济理论结合的研究，进一步验证了 Pine 和 Gilmore（1999）提出的体验经济是继农业经济、工业经济和服务经济的第四种经济模式。

5.2.1.3 进一步拓展了体验经济理论的测量体系

相关学者对体验经济理论在实践中的应用进行了研究，部分学者也对这一理论中的 4E 体验直接对满意度（Park，2010；Quadri-Felitti 和 Fiore，2012）的作用关系进行了研究，教育体验、审美体验、娱乐体验和逃避体验由于所研究行业不同，对满意度的作用也不相同，而 4E 体验对感知价值的影响，只有 Song、Lee、Park、Hwang 和 Reisinger（2015）对韩国南部禅修者进行了研究，而且只对功能感知价值和情感感知价值进行了研究，本书结合民宿的消费人群，加入 Williams 和 Soutar（2009）提出的社会感知价值做了相应研究，进一步丰富了 4E 体验对宾客感知层面的影响，较全面地研究了 4E 体验维度对宾客感知的作用关系，表明体验经济理论通过民宿客的功能感知价值、情感感知价值和社会感知价值对满意度产生影响，构建了适合民宿客 4E 体验—感知价值—满意度—行为意向的结构模型，拓展了体验经济理论的测量体系。

5.2.2 实践启示

本书考察了体验经济理论指导下不同民宿客感知价值、满意度和行为意向的作用关系，研究结果对民宿经营者在产品设计、运营管理、营销沟通和获取民宿客认同方面具有一定的启示。

5.2.2.1 明确民宿定位，突出本民宿特色

Kotler 和 Goldgehn（1981）指出，定位是企业设计出自己的产品和形象，从而在目标顾客心中确立与众不同的有价值的地位。以企业为主导进行产品定位，而 Trout（2010）认为，定位是企业对潜在宾客的心智所下的功夫，即实现把产品在潜在宾客心中定位。强调以宾客为中心进行产品定位，其实质都是强调在竞争环境下重视产品为谁而产的理念。民宿就是一种有别于传统酒店的，更富有生活化和有主人情怀的住宿产品，是小而暖而美的住宿设施，是主人生活观和价值观的物化形态。郑健雄（2014）认为，民宿消费者是一群需要泥土味、地产地消食材；风格独特、名家设计、善用地方元素住宿；怀旧复古、精心挑选家具；老师傅、妈妈味道食品；绿色低碳、节能减排消费理念；强调体验和人情味接待的后现代消费者。

本书研究结果表明审美体验和逃避体验都会对民宿客的功能感知价值、情感感知价值和社会感知价值有显著影响，充分说明了民宿产品是体现在地资源、主人价值观和一技之长结合的产物。民宿客选择民宿而非酒店的原因之一：民宿所在地的自然景观美或文化深厚或民宿主人通过自身塑造而形成的独特文化。民宿经营者在设计民宿时注重与自然的融合，与在地文化的结合，同民宿主人的兴趣、爱好和志趣相匹配，做到浑然天成，一千个主人一千家民宿。依托资源进行定位（自然资源、人文资源、主人资源），避免千家一面。逃避体验是民宿客选择民宿的另一重要原因，现代生活节奏的快速，城市化进程的加快，使都市白领需要一个与惯常环境完全不一样的地方“暂时消失”，理理思路、换换心情，调理情绪成为都市白领新的生活方式，重视信仰消费、体验消费、符号消费、象征消费也是这群人的重要特征。民宿经营者依托自身资源给民宿客营造静谧、休闲、相对密闭和“宅”的生活空间，满足其逃避体验的需求。每家民宿根据自身资源精准定位，做出主人特色，不仅满足了民宿主人开民宿的初衷，圆了自己的情怀梦，同时通过民宿这个平台找到了来自天南地北志同道合的、有共同语言的一帮朋友，做到了 Trout（2010）所说的产品定位在潜在宾客的心中，实现真正的价值共创。使逃避性体验可以让民宿客的个人能力和特征提升到一个新的水平，审美体验可以为民宿客灌输对奇迹、美景和优雅事物的鉴赏能力。

5.2.2.2　增强主客互动，引导民宿客消费

根据对民宿主人的访谈，发现本书调研的民宿主人大部分有一技之长（云溪上、莫上隐主人是室内设计师；花间堂主人是服装设计师；莫干山居图主人是自由撰稿人；松赞主人是藏族艺人；三秋主人是艺术品品鉴专家），厌倦了朝九晚五的程序化都市生活，在财务自由的前提下，抱着趁还年轻为自己真正活一回的心态，选择了经营民宿。

本书发现教育体验只对情感感知价值显著影响，对功能感知价值和社会感知价值影响不显著。民宿客入住民宿过程中学到了该家民宿主人给予的知识，进而对该家民宿产生了情感认同。教育体验需要民宿主人与客人充分互动，无论是互动方式，还是互动频率、互动时间都需要进一步强化，这会进一步降低宾客的损失（Pine 和 Gilmore，1999），增强民宿客的满意度。同时通过互动正确引导民宿客对本民宿各个功能模块的全方位理解，使之入住有收获，进而提升其在社会圈层中的地位，增强民宿客对本民宿的黏性和记忆。

本书发现娱乐体验对三种感知价值都没有显著影响，甚至对功能感知价值有负向影响。源于中西方对“娱乐”一词的理解差异（刘吉，2014）。更重要的在于近几年中国娱乐化产品的泛滥，使中国消费者谈“娱”色变。民宿主人可以通过与民宿客充分互动，引导其正确理解“娱乐”一词，最好的方式就是，每家民宿主人根据自己所拥有的资源，给每一种体验确定一个主题。

根据 Pine 和 Gilmore（1999）的体验经济理论，提到的确定主题需遵循五个原则：①吸引人的主题必须能够改变民宿客的现实感，无论民宿客的年龄、来自哪里、现实环境、社会关系或自我形象有何不同，确保每一个主题都能改变民宿客体验的维度（主动与被动、吸引与沉浸），建立不同于民宿客惯常环境的供其投入、学习、娱乐和感受的现实，这是建立民宿地方感的核心要求。②通过民宿内空间设计、摆设物件和在民宿逗留时间影响民宿客的感知价值，往往是民宿客感受最丰富的地点（如壁炉）可以改变他们。③民宿主人应当结合空间、物件和时间，营造出综合性的超现实体验，如给民宿编个动听的故事（好莱坞式、罗曼蒂克式、少年励志式、不平凡的平凡大众等），但能吸引民宿客的故事须具备三大情感（爱情、亲情和友情）、五种情绪（愤怒、怀旧、愧疚、暖心和孤独）、两个因素（地域和群体）。④在一家民宿内营建多种地点感，进一步强化主题。⑤每家民宿主题必须符合民宿主人的特征，否则就是虚构和矫揉造作，给民宿客被欺骗的感觉，有效的民宿主题必须是简洁而生动的，以一个统一的故事贯穿民宿的所有设计元素和体验营造活动，用故事来吸引民

宿客投入。

民宿故事要让民宿客了解，就得民宿主人与客人充分互动，增加民宿客的体验感知，通过互动教育民宿客，引导其消费，减少其顾客损失。

5.2.2.3 打造本民宿 IP（Intellectual Property），提升民宿客记忆

IP 虽然直译为知识产品，但移动互联网发展到今天，其内涵外延发生了质的变化，本书特指一切能产生分享的标志性内容。社交媒体成为当代人生活中不可或缺的组成部分，人人喜欢分享，人人想要分享，分享什么（与众不同、能显示自己品位）成为多数人烦恼的事情。

上文提到民宿主人可以通过强化互动、确定主题、讲故事的方式增强民宿客记忆，但民宿主人真正希望的是能在民宿客记忆中留下难以磨灭的印象，Pine 和 Gilmore（1999）认为，光有故事还不足以创造出民宿客想要的印象。民宿主人还必须借助 IP 的概念来确认民宿客所体验的本质，而这些 IP 广泛存在于体验环境或民宿主人的行为中，共同创造出一套完整的民宿印象，每一个 IP 都必须与本民宿的主题相呼应。而且不同类型的体验需要不同种类的印象构成 IP，Pine 和 Gilmore（1999）认为，民宿内的 IP 可以分为“机械式”——景象、气味、声音和纹理等，“人文式”——人身上发出的信号、民宿主人养的宠物等。民宿内的 IP 可以给民宿客留下印象，而这些印象能够实现民宿主人希望传达给民宿客的主题。如民宿主人可以开发具有本民宿特色的纪念品，把纪念品卖给民宿客，因为宾客总是为了留住在民宿停留中的某种回忆而购买特定物品，更重要的是民宿客通过这种方式向圈层内的人展现自己的经历，以此制造话题甚至引发对方的羡慕，同时实现民宿客的社会感知价值。纪念品是一种民宿主人与民宿客、民宿客与圈层内人士交际的体验方式，民宿主人的目的是通过民宿客在圈层内的展示或分享把该民宿客的体验传递给其他人，是一种吸引新民宿客的手段，也是一种延伸民宿体验的方式；另外，可以把本民宿的纪念品赠送给民宿客，也是一种延伸体验的方式。除了有形可以携带的纪念品外，民宿主人可以通过提供特色食品和饮料的方式增加味觉、嗅觉体验。实践证明：当互动中添加了感觉因素，就会增加民宿客的感知价值，而且越是能激发民宿客感官多元化的产品，越能给其留下深刻印象和回忆。同时为了确保民宿客体验的完整性，民宿主人不仅需要提供正面意义的 IP，还必须时刻消除负面的 IP，实现民宿客难忘的记忆正面化。

5.2.2.4 根据民宿客不同人口特征，细分市场，实现差异化管理

本书的调研结果表明女性客人比男性客人更注重民宿的审美体验，也更愿意把自己的住宿体验分享出去。31~59 岁、可自由支配收入在 4000 元以上的企事业单位的民宿客比其他人口统计特征的民宿客更关注教育体验和社会体验。民宿主人应该根据这些差异，对民宿客人市场进行细分，以便找到与本民宿主题相投的民宿客，从而实现“家”的维护，使之成为民宿主人和客人相互惦记的 IP。这也是 Pine 和 Gilmore（1999）所提到的可以通过因民宿客个体而异：在特定场合为特定民宿客提供；因民宿内产品特征而异：其设计目标是满足民宿客的个别需求；因民宿主人经营目的而异：在满足民宿客需求方面不仅要恰当，而且要严格准确地提供民宿客所需之物。

民宿主人要实现对民宿客的差异化管理，前提是民宿主人必须注重提升民宿客满意度，通过主客互动消除民宿客损失，借用故事、IP 给民宿客营造惊喜的体验环境，同时给每一位来体验的民宿客人留下意犹未尽的悬念，当四种要素（满意度、损失、惊喜、悬念）实现有机统一时，民宿客就会为了全新的目的主动购买民宿主人提供的产品和服务，此时的民宿客购买这些产品不单单是为了获得民宿的最基本功能——睡一觉，而是为了享受购买和使用过程中的教育体验、审美体验、娱乐体验和逃避体验。民宿客与民宿主人的关系不是单纯的买家和卖家，更是注入了情感的血液，其购买产品或服务不仅是为了获得民宿主人带来的功能感知价值，也是为了享受民宿主人营造的独特环境和体验所产生的情感价值和社会价值，形成一段难忘的经历。在体验经济时代，民宿客在民宿内的惬意应当制造回忆，减少民宿客损失，增加民宿客满意度，积极推荐本民宿，实现民宿主人与民宿客的价值共创和共赢。

5.3 研究局限与展望

5.3.1 研究局限

本书虽尽所能围绕研究主题细致地完成所有研究工作，但还是不可避免地会存在以下几个方面的研究局限：

（1）数据采集区域的局限性。据《2017 年中国旅游业统计公报》显示，

2017年末，中国民宿总数达50200家，但由于人力、物力和财力所限，只能选择中国民宿发展最有代表性的6个省份的45家民宿的民宿客作为调研对象，就研究区域的广泛性、普遍性而言，受到一定影响和限制；就抽样的方法而言，由于每年入住民宿的人数约80万，人口规模较大，无法进行随机抽样，只能采取非随机抽样中的判断抽样或方便性抽样，这样数据的全面性和代表性可能受到限制与影响。

（2）调研时间局限性。本书正式问卷发放时间为2018年9~12月，因此本书结论仅代表此段时间内民宿客体验、住宿客感知价值、满意度及其行为意向的影响关系，无法完全代表全年或其他年份和更长时间的住宿客体验过程中四者的关系。

（3）研究推论局限。由于所选区域和区域内民宿的数量所限，无法覆盖中国所有民宿客，在研究方法上，主要采用定量分析的方法，以结构性问卷验证研究假设，此方法会受研究者对问题的表达能力、受访者的表达意愿，以及受访者对问题的理解的限制。在最终资料分析的过程中，会受研究者主观认知和判断的影响，从而影响研究结果的推论。

（4）不能推广到其他住宿业。由文献综述得知，本书定义的民宿是具有一定特长（或资源）和情怀的主人利用自有闲置房产或长期租用他人房产，营造的环境清幽、可达性强、有较强在地文化，能够为客人提供小规模、绿色、健康、有特色的住宿场所，主人是民宿的主体，在地文化是民宿的核心，主客互动是民宿客感知价值实现的重要方式，家的氛围是民宿的灵魂。本书的研究对象是由主人亲自服务的民宿中的住宿客，而非连锁经营或雇佣他人服务的民宿，更不是其他住宿业。因此本书的研究结论只适用于民宿，而非农家乐或标准化酒店等其他住宿业。

5.3.2 研究展望

在笔者开展研究的过程中，更加深入了解了民宿现阶段学术界对民宿的研究现状，也深刻理解了体验经济理论与民宿相结合的意义所在，需要在此基础上进一步拓展和深化，同时也有其他理论可以应用到民宿的研究当中，未来可以在以下四个方面展开探索研究。

（1）尽可能做到数据采集多样性，增强研究结果的科学性。局限于东南沿海区域的民宿调研，下一步扩展到中西部区域，时间不局限于9~12月，可以扩展到全年不同时段，也不局限于小猪短租 4.5 分以上的民宿，可以多样化，进一步对选取样本进行优化和提升，增强研究结论的科学性。

（2）用其他研究方法探索适合中国文化的体验消费要素。本书主要采用规范的实证分析方法分析了 Pine 和 Gilmore（1999）的体验经济理论在中国民宿中的应用，日后可以结合中国传统文化通过质性研究方法，如参与式观察法、扎根理论等方法，除了教育体验、审美体验、娱乐体验和逃避体验外，是否还有其他体验要素存在影响民宿客的感知价值。

（3）互动理论在民宿研究中的应用。Pine 和 Gilmore（1999）认为，互动时间与宾客的互动损失成反比，互动时间越长，宾客的损失就越小，宾客的满意度就越高。这一判断是否在民宿经营中实用，除了互动时间、互动强度、互动频率、互动方式、互动内容对民宿客的感知价值是否会有影响，进而是否会减少民宿客损失，提升其满意度，这一问题值得探讨。

（4）探索民宿经营成熟地区的成功因素，给民宿经营者提供借鉴。中国台湾地区作为民宿发展较为成熟的地区，有较多经验值得民宿经营者借鉴和学习，但需要从民宿客角度进行体验、感知，从而总结诸多成功经验。采用扎根理论，从一个民宿客的视角发现中国台湾地区民宿的成功要素，给民宿经营者提供经验。

参考文献

英文参考文献

[1] AbeY. (2000). Transaction-specific satisfaction and overall satisfaction: An empirical analysis. *Journal of Services Marketing*, 14 (2).

[2] Abrahams R. D. (1986). *Ordinary and extraordinary experience: The anthropology of experience, edited by V.Turner and E.Bruner.Urbana: University of* Illinois.

[3] Addis M.& Holbrook M. B. (2001). On the conceptual link between mass customisation and experiential consumption: An explosion of subjectivity. *Journal of Consumer Behaviour*, 1 (1).

[4] Ajzen I. (1991). The theory of planning behavior. *Organizational Behavior & Human Decision Processes*, 50 (2).

[5] Andajani E. (2018, March). Dark tourism marketing through experience visit at East Java. In 15th *International Symposium on Management (INSYMA 2018)*. Atlantis Press.

[6] Anderson E. W.& Sullivan M. W. (1993). The antecedents and consequences of customer satisfaction for firms. *Marketing Science*, 12 (2).

[7] Anderson J. C.& Narus J. A. (1990). A model of distributor firm and manufacturer firm working partnerships. *Journal of Marketing*, 54 (1).

[8] Anderson J. C.& Narus J. A. (1998). Business marketing: Understand what customers value. *Harvard Business Review*, 76 (6).

[9] Bagozzi R. P. (1982). A field investigation of causal relations among cognitions, affect, intentions, and behavior. *Journal of Marketing Research*, 19 (14).

[10] Bagozzi R. P.& Burnkrant R. E. (1979). Attitude organization and the attitude - behavior relationship. *Journal of Personality and Social Psychology*, 37(6).

[11] Baker D. A.& Crompton J. L. (2000). Quality, satisfaction and

behavioral intentions. *Annals of Tourism Research*, 27（3）.

［12］Baker D. A.& Crompton J. L.（2000）. Quality, satisfaction and behavioral intentions. *Annals of Tourism Research*, 27（3）.

［13］Baker J. Parasuraman, A. Grewal D.& Voss G. B.（2002）. The influence of multiple store environment cues on perceived merchand. *Journal of Marketing*, 66（2）.

［14］Barrett P.（2007）. Structural equation modelling: Adjudging model fit. *Personality and Individual Differences*, 42（5）.

［15］Beeho A. J. & Prentice R. C.（1997）. Conceptualizing the experiences of heritage tourists: A case study of New Lanark World Heritage Village. *Tourism Management*, 18（2）.

［16］Bentler P. M. & Chou C. P.（1987）. Practical issues in structural equation modeling. *Sociological Methods & Research*,（16）.

［17］Bentler P. M. & Mooijaart A. B.（1989）. Choice of structural model via parsimony: A rationale based on precision. *Psychological Bulletin*, 106（2）.

［18］Bigne J. E., Sanchez M. I. & Sanchez J.（2001）. Tourism image, evaluation variables and after purchase behaviour: Inter–relationship. *Tourism Management*, 22（6）.

［19］Bitner, M. J.（1990）. Evaluating service encounters: The effects of physical surroundings and employee responses. *Journal of Marketing*, 54（2）.

［20］Bitner M. J.（1992）. Servicescapes: The impact of physical surroundings on customers and employees. *Journal of Marketing*, 56 (2) .

［21］Bitner M. J. & Hubbert A. R.（1994）. Encounter satisfaction versus overall satisfaction versus quality. Service Quality: New Directions in Theory and Practice, 34（2）.

［22］Blackwell A. Bowes, L., Harvey L., Hesketh A. J. & Knight P. T.（2001）. Transforming work experience in higher education. *British Educational Research Journal*, 27（3）.

［23］Blattberg R. C. & Deighton J.（1996）. Manage marketing by the customer equity test. Harvard Business Review, 74（4）.

［24］Blodgett J. G., Granbois D. H. & Walters R. G.（1993）. The effects of perceived justice on complainants' negative word–of–mouth behavior and repatronage intentions. *Journal of Retailing*, 69（4）.

[25] Bollen K. A. (1989). A new incremental fit index for general structural equation models. *Sociological Methods & Research*, 17 (3).

[26] Bollen K. A. & Stine R. A. (1992). Bootstrapping goodness-of-fit measures in structural equation models. *Sociological Methods & Research*, 21 (2).

[27] Bolton R. N. & Drew J. H. (1991). A multistage model of customers' assessments of service quality and value. *Journal of Consumer Research*, 17 (4).

[28] Bonn M. A., Joseph-Mathews S. M., Dai M., Hayes S. & Cave J. (2007). Heritage/culture attraction atmospherics: Creating the right environment for the heritage/cultural visitor. *Journal of Travel Research*, (45).

[29] Boswijk A., Peelen E., Olthof S. & Beddow C. (2012). *Economy of experiences.* Amsterdam: European Centre for the Experience and Transformation Economy.

[30] Botterill T. D. & Crompton J. (1996). Two case studies exploring the nature of the tourists' experience. *Journal of Leisure Research*, 28 (1).

[31] Boulding W., Kalra A., Staelin R. & Zeithaml V. A. (1993). A dynamic process model of service quality: From expectations to behavioral intentions. *Journal of Marketing Research*, 30 (1).

[32] Brady M. K. & Robertson C. J. (2001). Searching for a consensus on the antecedent role of service quality and satisfaction: an exploratory cross-national study. *Journal of Business Research*, 51 (1).

[33] Brady M. K., Cronin J. J. & Brand R. R. (2004). Performance-only measurement of service quality: A replication and extension. *Journal of Business Research*, 55 (1).

[34] Brakus J. J., Schmitt B. H. & Zarantonello L. (2009). Brand experience: What is it? How is it measured? Does it affect loyalty. *Journal of marketing*, 73 (3).

[35] Bramwell B. (1998). User satisfaction and product development in urban tourism. *Tourism Management*, 19 (1).

[36] Bulencea P. & Egger R. (2013). Facebook it: Evaluation of facebook's search engine for travel related information retrieval. In *Information and Communication Technologies in Tourism* 2014.

[37] Burnham T. A. Frels J. K. & Mahajan V. (2003). Consumer switching costs: A typology, antecedents, and consequences. *Journal of the Academy of*

Marketing Science, 31 (2).

[38] Byrne B. M. (2010). Structural equation modeling with AMOS: *Basic concepts, applications, and programming* (*multivariate applications series*). NewYork: Taylor & Francis Group, 396.

[39] Cai L. A. & Hobson J. S. P. (2004). Making hotel brands work in a competitive environment. *Journal of Vacation Marketing*, 10 (3).

[40] Carbone E. & Hey J. D. (2004). The effect of unemployment on consumption: An experimental analysis. *Economic Journal*, 114 (497).

[41] Cardozo R. N. (1965). An experimental study of customer effort, expectation, and satisfaction. *Journal of Marketing Research*, (2).

[42] Caroline Tynan & Sally McKechnie (2009). Experience marketing: A review and reassessment. *Journal of Marketing Management*, 25 (5–6).

[43] Chen C. F. & Chen F. S. (2010). Experience quality, perceived value, satisfaction and behavioral intentions for heritage tourists. *Tourism Management*, 31 (1).

[44] Chen C. F. & Tsai D. (2007). How destination image and evaluative factors affect behavioral intentions. *Tourism Management*, 28 (4).

[45] Chen J. L. (2015). The impact of bed and breakfast atmosphere, customer experience, and customer value on customer voluntary performance: A survey in Taiwan. *Asia Pacific Journal of Tourism Research*, 20 (5).

[46] Chen L. F. (2016). Exploring Luo–dong Home Stay and Tourist Satisfaction. *International Journal of Organizational Innovation* (*Online*), 8 (3).

[47] Chen Li–Chan Lin, Shang–Ping, Kuo & Chun–Min. (2013). Rural tourism: Marketing strategies for the bed and breakfast industry in Taiwan. *International Journal of Hospitality Management*, 32 (1).

[48] Chen S. C. & Lin C. P. (2015). The impact of customer experience and perceived value on sustainable social relationship in blogs: An empirical study. *Technological Forecasting & Social Change*, (96).

[49] ChenY. N., Chen H. M., Huang W. & Ching, R. K. (2006). E–government strategies in developed and developing countries: An implementation framework and case study. *Journal of Global Information Management* (JGIM), 14 (1).

[50] Cheung C. M. & Lee M. K. (2012). What drives consumers to spread

electronic word of mouth in online consumer-opinion platforms. *Decision Support systems*, 53 (1).

[51] Clark M. S. & Mills J. (1979). Interpersonal attraction in exchange and communal relationships. *Journal of Personality & Social Psychology*, 37 (1).

[52] Cohen E. (1979). A phenomenology of tourist experiences. *Sociology*, 13 (2).

[53] Correia A. Kozak M. & Ferradeira J. (2013). From tourist motivations to tourist satisfaction. *International Journal of Culture Tourism & Hospitality Research*, 7 (4).

[54] Crick-Furman D. & Prentice R. (2000). Modeling tourists' multiple values. *Annals of Tourism Research*, 27 (1).

[55] Cron W. L., Dubinsky A. J. & Michaels R. E. (1988). The influence of career stages on components of salesperson motivation. *Journal of Marketing*, 52 (1).

[56] Cronbach L. J. (1951). Coefficient alpha and the internal structure of tests. *Psychometrika*, 16 (3).

[57] Cronin J. J. & Taylor S. A. (1992). Measuring service quality: A reexamination and extension. *Journal of Marketing*, 56 (3).

[58] Csikszentmihalyi M. (2009). The promise of positive psychology. *Psihologijske teme*, 18 (2).

[59] Dallen J. (2007). The challenges of diverse visitor perceptions: Rail policy and sustainable transport at the resort destination. *Journal of Transport Geography*, 15 (2).

[60] Darden W. R. & Babin B. J. (1994). Exploring the concept of affective quality: Expanding the concept of retail personality. *Journal of Business Research*, 29 (2).

[61] Dawson C. P. & Brown T. L. (1988). B&bs: A matter of choice. *Cornell Hotel & Restaurant Administration Quarterly*, 29 (1).

[62] Deighton J. & Grayson K. (1995). Marketing and seduction: Building exchange relationships by managing social consensus. *Journal of Consumer Research*, 21 (4).

[63] DeVellis R. F. (1991). *Guidelines in scale development. Scale Development: Theory and Applications*. Newbury Park, Calif: Sage.

[64] Doyle M. W. & Sambanis N. (2000) . International peacebuilding: A theoretical and quantitative analysis. *American Political Science Review*, 94 (4) .

[65] Engel J. F., Blackwell R. D. & Miniard P. W. (1995) . *Consumer Behavior*. Ft. Worth, Texas : Dryden Press.

[66] Ennew C. T. & Binks M. R. (1999) . Impact of participative service relationships on quality, satisfaction and retention: An exploratory study. *Smf Discussion Paper*, 46 (2) .

[67] Evans N. J. & Ilbery B. W. (1992) . Advertising and farm-based accommodation: A british case study. *Tourism Management*, 13 (4) .

[68] File K. M., Judd B. B. & Prince R. A. (1992) . Interactive marketing: The influence of participation on positive word - of - mouth and referrals. *Journal of Services Marketing*, 6 (4) .

[69] Fishbein M. & Ajzen I. (1975) . Belief, attitude, intention and behaviour: An introduction to theory and research. *Philosophy & Rhetoric*, 41 (4) .

[70] Fishbein M. & Manfredo M. J. (1992) . A theory of behavior change. *Influencing Human Behavior*, 24 (1) .

[71] Fleischer A. & Pizam A. (1997) . Rural tourism in Israel. *Tourism Management*, 18 (6) .

[72] Folkes V. S. (1988) . Recent attribution research in consumer behavior: A review and new directions. *Journal of Consumer Research*, 14 (4) .

[73] Forero D. E. & Gómez A. (2017) . Comparison of measurement models based on expectations and perceived performance for the satisfaction study in health services. *suma psicológica*, 24 (2) .

[74] Bagozzi R. P. (1981) . Evaluating structural equation models with unobservable variables and measurement error : A comment. *Journal of Marketing Research*, 18 (3) .

[75] Fountain J. and Charters S. (2010), *Generation Y as wine tourists: Their expectations and experiences at the winery cellar door*, in Beckendorff, P., Moscardo, G. and Pendergast, D. (Eds.), Tourism and Generation Y, CABI, Wallingford, Oxford, UK.

[76] Fournier S. (1998) . Consumers and their brands: Developing relationship theory in consumer research. *Journal of Consumer Research*, 24 (4) .

[77] Gale D. & Rosenthal R. W. (1994). Price and quality cycles for experience goods. The *Rand Journal of Economics*, 25 (4).

[78] Gardial S. F., Clemons D. S., Woodruff R. B., Schumann D. W. & Burns M. J. (1994). Comparing consumers' recall of prepurchase and postpurchase product evaluation experiences. *Journal of Consumer Research*, 20 (4).

[79] Gentile C., Spiller N. & Noci G. (2007). How to sustain the customer experience: An overview of experience components that co-create value with the customer. *European Management Journal*, 25 (5).

[80] Getz D.& Petersen T. (2005). Growth and profit-oriented entrepreneurship among family business owners in the tourism and hospitality industry. *International Journal of Hospitality Management*, 24 (2).

[81] Getz D. & Carlsen J. (2000). Characteristics and goals of family and owner-operated businesses in the rural tourism and hospitality sectors. *Tourism Management*, 21 (6).

[82] Getz D. & Carlsen J. (2008). Wine tourism among Generations X and Y. *Tourism*, 56 (3).

[83] Grappi S. & Montanari F. (2011). The role of social identification and hedonism in affecting tourist re-patronizing behaviours: The case of an Italian festival. *Tourism Management*, 32 (5).

[84] Gremler D. D. & Gwinner K. P. (2000). Customer-employee rapport in service relationship. *Journal of Service Research*, 3 (1).

[85] Grewal D. Krishnan R., Baker J.& Borin N. (1998). The effect of store name, brand name and price discounts on consumers' evaluations and purchase intentions. *Journal of Retailing*, 74 (3).

[86] Gronlund N.E. & Linn R.L. (1990). *Measurement and evaluation in teaching* (*6th ed.*). NewYork: MacMillan.

[87] Gronroos C. (1990). Relationship approach to marketing in service contexts: The marketing and organizational behavior interface. *Journal of Business Research*, 20 (1).

[88] Grove S. J. & Fisk R. P. (1997). The impact of other customers on service experiences: A critical incident examination of "getting along". *Journal of Retailing*, 73 (1).

[89] Gunasekaran N. & Anandkumar V. (2012) . Factors of influence in choosing alternative accommodation: A study with reference to pondicherry, a coastal heritage town. *Procedia-Social and Behavioral Sciences*, 62.

[90] Guttentag D., Smith S. Potwarka L. & Havitz M. (2018) . Why tourists choose Airbnb: A motivation–based segmentation study. *Journal of Travel Research*, 57 (3) .

[91] Hair J. F., Black W. C., Babin H. J. & Anderson R. E. (2010) . *Multivariate data analysis* (7th ed) . New Jersey: Prentice Hall.

[92] Hallberg I. R. & Norberg A. (1995) . Nurses' experiences of strain and their reactions in the care of severely demented patients. *International Journal of Geriatric Psychiatry*, 10 (9) .

[93] Halstead D. (1989) . Expectations and disconfirmation beliefs as predictors of consumer satisfaction, repurchase intention, and complaining behavior: An empirical study. *Journal of Consumer Satisfaction, Dissatisfaction and Complaining Behavior*, 2 (1) .

[94] Hassan M. M. & Shahnewaz M. (2014) . Measuring tourist service satisfaction at destination: A case study of Cox's Bazar sea beach, Bangladesh. *American Journal of Tourism Management*, 3 (1) .

[95] Havlena W. J. & Holbrook M. B. (1986) . The varieties of consumption experience: Comparing two typologies of emotion in consumer behavior. *Journal of Consumer Research*, 13 (3) .

[96] Heufler G. (2004) . Design basics. *Von der Idee zum Produkt. Sulgen/Zürich, Niggli.*

[97] Higgins K. T. (1998) . The value of customer value analysis. *Marketing Research*, 10 (4) .

[98] Hirmukhe J. (2013) . Measuring the customer's perception of service quality using SERVQUAL in public services. *International Journal of Services Technology and Management*, 19 (4–6) .

[99] Holbrook M. B. (1999) . *Introduction to consumer value, Consumer value: A framework for analysis and research. Introduction to consumer value. Consumer Value: A Framework for Analysis and Research*. London : Routledge.

[100] Holbrook M. B. & Hirschman E. C. (1982) . Experiential aspects of consumption: Consumer fantasies, feelings, and fun journal of consumer research

oxford academic. *Journal of Consumer Research*, 9（2）.

[101] Homburg C., Koschate N. & Hoyer W. D.（2006）. The role of cognition and affect in the formation of customer satisfaction: A dynamic perspective. *Journal of Marketing*, 70（3）.

[102] Hooper D., Coughlan J. & Mullen M.（2008）. Structural equation modelling: Guidelines for determining model fit. *Articles*,（2）.

[103] Hosany S. & Witham M.（2010）. Dimensions of cruisers' experiences, satisfaction, and intention to recommend. *Journal of Travel Research*, 49（3）.

[104] Howat G., Murray D. & Crilley G.（1999）. The relationships between service problems and perceptions of service quality, satisfaction, and behavioral intentions of australian public sports and leisure center customers. *Southern Economic Journal*, 74（3）.

[105] Hsiao C. H., Chang J. J. & Tang, K.Y.（2016）. Exploring the influential factors in continuance usage of mobile social Apps: Satisfaction, habit, and customer value perspectives. *Telematics and Informatics*, 33（2）.

[106] HsiehY. C. & LinY. H.（2010）. Bed and breakfast operators' work and personal life balance: A cross-cultural comparison. *International Journal of Hospitality Management*, 29（4）.

[107] Hsu HsuanYu Hsu. & Tsou, Hung-Tai Tsou.（2011）. Understanding customer experiences in online blog environments. *International Journal of Information Management*,（31）.

[108] Hsu M. K., Huang T., Keng C. & Zheng L.（2007）. Modeling service encounters and customer experiential value in retailing: An empirical investigation of shopping mall customers in Taiwan. *International Journal of Service Industry Management*, 18（4）.

[109] Hu H. H., Kandampully J. & Juwaheer T. D.（2009）. Relationships and impacts of service quality, perceived value, customer satisfaction, and image: An empirical study. *The Service Industries Journal*, 29（2）.

[110] Huang H.（2015）. An examination of visitor motivation, perceived experience, and loyalty at a living history museum: The case of Conner Prairie. *Dissertations & Theses - Gradworks.*

[111] Hyun S. S., Kim W. & Lee M. J.（2011）. The impact of advertising on

patrons' emotional responses, perceived value, and behavioral intentions in the chain restaurant industry: The moderating role of advertising-induced arousal. *International Journal of Hospitality Management*, 30 (3).

[112] Ingram H. (1996).Classification and grading of smaller hotels, guesthouses and bed and breakfast accommodation. *International Journal of Contemporary Hospitality Management*, 8 (5).

[113] Jackson D. L., Gillaspy J. A. & Purcstephenson R. (2009). Reporting practices in confirmatory factor analysis: An overview and some recommendations. *Psychological Methods*, 14 (1).

[114] JakSon B. B. (1985). Buildcustomerrelationship Sthatlast. *Harvard BLSileSS Review*, NOV/Dec.

[115] Janda S. &Ybarra A. (2005). Do product and consumer characteristics affect the relationship between online experience and customer satisfaction?. *Journal of Internet Commerce*, 4 (4).

[116] Jansson, & André. (2018). Rethinking post-tourism in the age of social media. *Annals of Tourism Research*, (69).

[117] Jeong M. J. (2004). An exploratory study of perceived importance of web site characteristics: The case of the bed and breakfast industry. *Journal of Hospitality & Leisure Marketing*, 11 (4).

[118] Jones D. L., Guan J. J. & Chang J. (2011). Bed and breakfast lodging development in mainland china: Who is the potential customer. *Asia Pacific Journal of Tourism Research*, 16 (5).

[119] Kano N. (1984). Attractive Quality and must-be Quality. *Journal of the Japanese Society for Quality Control*, 1 (4).

[120] Keller E. & Berry J. (2003).The Influentials: *One American in ten tells the other nine how to vote, where to eat and, what to buy.* New York: The Free Press.

[121] Kim H. R. (2005). Developing an index of online customer satisfaction. *Journal of Financial Services Marketing*, *10* (1).

[122] Kim M. & Thapa, B. (2018). Perceived value and flow experience: Application in a nature-based tourism context. *Journal of Destination Marketing & Management*, (8).

[123] Kim S., Ham S., Moon H., Chua B. L. & Han H. (2019). Experience, brand prestige, perceived value (functional, hedonic, social, and financial), and loyalty among GROCERANT customers. *International Journal of Hospitality Management*, (77).

[124] Kline R.B. (2005), *Principles and practice of structural equation modeling* (*2nd Edition ed.*). NewYork: The Guilford Press.

[125] Kolvereid L. (1996). Organizational employment versus self-employment: Reasons for career choice intentions. *Entrepreneurship Theory and Practice*, 20 (3).

[126] Kotler P. & Zaltman G. (1971). Social marketing: An approach to planned social change. *Journal of Marketing*, 35 (3).

[127] Kozak M., Bigné E. & Andreu L. (2004). Limitations of cross-cultural customer satisfaction research and recommending alternative methods. *Journal of Quality Assurance in Hospitality & Tourism*, 4 (3-4).

[128] Kubey R. W. & Csikszentmihalyi M. (1990). Television as escape: Subjective experience before an evening of heavy viewing. *Communication Reports*, 3(2).

[129] Kuo C. M., Tseng C.Y. & Chen L. C. (2018). Choosing between exiting or innovative solutions for bed and breakfasts. *International Journal of Hospitality Management*, (73).

[130] Lai A. W. (1995). Consumer values, product benefits and customer value: A consumption behavior approach. *ACR North American Advances.*

[131] Lam W., Li Z. C., Huang H. J. & Wong S. C. (2006). Modeling time-dependent travel choice problems in road networks with multiple user classes and multiple parking facilities. *Transportation Research Part B*, 40 (5).

[132] Lanier P., & Berman J. (1993). Bed-and-breakfast inns come of age. *Cornell Hotel & Restaurant Administration Quarterly*, 34 (2).

[133] Lankton N. K. & McKnight H. D. (2012). Examining two expectation disconfirmation theory models: Assimilation and asymmetry effects. *Journal of the Association for Information Systems*, 13 (2).

[134] Lassar W., Mittal B. & Sharma A. (1995). Measuring customer-based brand equity. *Journal of Consumer Marketing*, 12 (4).

[135] Law A. K., Hui Y. V. & Zhao X. (2004). Modeling repurchase

frequency and customer satisfaction for fast food outlets. *International Journal of Quality & Reliability Management*, 21（5）.

［136］Lee J. S.， Lee C. K. & ChoiY.（2011）. Examining the role of emotional and functional values in festival evaluation. *Journal of Travel Research*, 50（6）.

［137］Lee J. S.， Song H. J. & Lee C. K.（2011）. A study on the experience, experiential value， and satisfaction of 3D film based on the pine and Gilmore's experience economy theory: The case of the film "Avatar". *The Korea Academic Society of Tourism and Leisure*, 23（5）.

［138］Lee J.， Graefe A. R. & Burns R. C.（2004）. Service quality, satisfaction， and behavioral intention among forest visitors. *Journal of Travel & Tourism Marketing*， 17（1）.

［139］LeeY. K.， Lee C. K.， Lee S. K. & Babin B. J.（2008）. Festivalscapes and patrons' emotions, satisfaction, and loyalty. *Journal of Business Research*, 61(1).

［140］Litvin S. W.， Goldsmith R. E. & Pan B.（2008）. Electronic word-of-mouth in hospitality and tourism management. *Tourism Management*, 29（3）.

［141］LiuY. & Jang S. S.（2009）. Perceptions of Chinese restaurants in the US: What affects customer satisfaction and behavioral intentions. *International Journal of Hospitality Management*, 28（3）.

［142］Lofman B.（1986）. Elements of experiential consumption: An exploratory study. *Advances in Consumer Research*, 18（1）.

［143］Loureiro S. M. C. & Pt S. L.（2014）. The role of the rural tourism experience economy in place attachment and behavioral intentions. *International Journal of Hospitality Management*， 40（40）.

［144］Lynch P.（1998）. Female microentrepreneurs in the host family sector: Key motivations and socio-economic variables. *International Journal of Hospitality Management*, 17（3）.

［145］Manthiou A.， Lee S.， Tang L. & Chiang L.（2014）. The experience economy approach to festival marketing:Vivid memory and attendee loyalty. *Journal of Services Marketing*， 28（2）.

［146］Maslow A. H.（1943）. A theory of human motivation. *Psychological Review*, 50（1）.

［147］Massimini F.， Fave A. D. & Carli M.（1988）. Flow in everyday life: A cross-national comparison. *Human Studies*.

[148] Mathwick C., Malhotra N. & Rigdon E. (2001). Experiential value: Conceptualization, measurement and application in the catalog and Internet shopping environment. *Journal of retailing*, 77 (1).

[149] Mcdougall G. H. G. & Levesque T. (2000). Customer satisfaction with services: Putting perceived value into the equation. *Journal of Services Marketing*, 14 (5).

[150] Mehmetoglu M. & Engen M. (2011). Pine and Gilmore's concept of experience economy and its dimensions: An empirical examination in tourism. *Journal of Quality Assurance in Hospitality & Tourism*, 12 (4).

[151] Meng F., TepanonY. & Uysal M. (2008). Measuring tourist satisfaction by attribute and motivation: The case of a nature-based resort. *Journal of Vacation Marketing*, 14 (1).

[152] Meyer C. & Schwager A. (2007). Understanding customer experience. *Harvard Business Review*, 85 (2).

[153] Michie S. & Gooty J. (2005). Values, emotions, and authenticity: Will the real leader please stand up. *The Leadership Quarterly*, 16 (3).

[154] Minazzi R. & Lagrosen S. (2013). Investigating social media marketing in the hospitality industry: Facebook and European hotels. *In Information and Communication Technologies in Tourism*, 2014.

[155] Mooradian T. A. & Olver J. M. (1997). I can't get no satisfaction: The impact of personality and emotion on postpurchase processes. *Psychology & Marketing*, 14 (4).

[156] Morris T. (1994).Customer relationship management. *Cma Magazine*, 22 (4).

[157] Mowforth M. & Munt I. (2016). *Tourism and sustainability: Development, globalisation and new tourism in the third world*. NewYork: Routledge.

[158] Myers D .G. & Diener Ed. (1995). Who is happy? *Psychological Science*, 6(1).

[159] Naylor G., Kleiser S. B., Baker J. &Yorkston, E. (2008). Using transformational appeals to enhance the retail experience. *Journal of Retailing*, 84 (1).

[160] Noar S. M. (2003). The role of structural equation modeling in scale development. *Structural Equation Modeling*, 10 (4).

[161] Nuntsu N., Tassiopoulos D. & Haydam N. (2004). The bed and breakfast market of buffalo city (bc), South Africa: Present status, constraints and success factors. *Tourism Management*, 25 (4).

[162] Oh H. Fiore, A. M. & Jeoung M. (2007). Measuring experience economy concepts: Tourism applications. *Journal of Travel Research*, 46 (2).

[163] Oliver R. L. (1997). *Satisfaction: A behavioral perspective on the consumer*. Routledge. NewYork: McGraw–Hill.

[164] Olsen J. A. & Kenny D. A. (2006). Structural equation modeling with interchangeable dyads. *Psychological Methods*, 11 (2).

[165] Ooi C. S. (2005). A theory of tourism experiences: The management of attention. *Experiencescapes*.

[166] Oppermann M. (2000). Tourism destination loyalty. *Journal of Travel Research*, 39 (1).

[167] Orsingher C. & Marzocchi G. L. (2003). Hierarchical representation of satisfactory consumer service experience. *International Journal of Service Industry Management*, 14 (14).

[168] O'Sullivan E .L. & Spangler K. J. (1998). *Experience Marketing: Strategies for the new millennium*. State College, PA: Venture Publishing.

[169] Packer J. & Ballantyne R. (2002). Motivational factors and the visitor experience: A comparison of three sites. *Curator: The Museum Journal*, 45 (3).

[170] Parasuraman A., Zeithaml V. A. & Berry L. (1988). Servqual: A multiple–item scale for measuring customer perceptions of service quality. *Journal of Retailing*, 64 (1).

[171] Park C. W. &Young S. M. (1986). Consumer response to television commercials: The impact of involvement and background music on brand attitude formation. *Journal of Marketing Research*, 23 (1).

[172] Park M., Oh H. & Park J. (2010). Measuring the experience economy of film festival participants. *International Journal of Tourism Sciences*, 10 (2).

[173] Patterson P. G. & Spreng R. A. (1997). Modelling the relationship between perceived value, satisfaction and repurchase intentions in a business–to–business, services context: An empirical examination. *International Journal of Service Industry Management*, 8 (5).

[174] Peter J. P. & Olson J. C. (2002). *Consumer Behavior and Marketing Strategy*: By J. Paul Peter, Jerry C. Olson. Dalian: Dongbei Univeristy of Finance & Economics Press.

[175] Petrick J. F. (2004). The roles of quality, value, and satisfaction in predicting cruise passengers' behavioral intentions. *Journal of Travel Research*, 42 (4).

[176] Pine B. J. & Gilmore J. H. (1999). The experience economy. *Scandinavian Journal of Hospitality & Tourism*, 9 (4).

[177] Pizam A. & Milman A. (1993). Social impacts of tourism: Host perceptions. *Annals of Tourism Research*, 20 (4).

[178] Pizam A., NeumannY. & Reichel A. (1978). Dimensions of tourist satisfaction with a destination area. *Annals of Tourism Research*, 5 (3).

[179] Poon K.Y. & Huang W. J. (2017). Past experience, traveler personality and tripographics on intention to use Airbnb. *International Journal of Contemporary Hospitality Management*, 29 (9).

[180] Prayag G., Hosany S., Muskat B. & Del Chiappa G. (2017). Understanding the relationships between tourists' emotional experiences, perceived overall image, satisfaction, and intention to recommend. *Journal of Travel Research*, 56 (1).

[181] Prebensen N. K., Woo E., Chen J. S. & Uysal M. (2013). Motivation and involvement as antecedents of the perceived value of the destination experience. *Journal of Travel Research*, 52 (2).

[182] Quadri-Felitti D. L. & Fiore, A. M. (2013). Destination loyalty: Effects of wine tourists" experiences, memories, and satisfaction on intentions. *Tourism and Hospitality Research*, 13 (1).

[183] Radder L. & Han X. (2015). An examination of the museum experience based on Pine and Gilmore's experience economy realms. *Journal of Applied Business Research*, 31 (2).

[184] Raykov T. Marcoulides G. A. (2006). *A first course in structural equation modeling (2nd ed.)*, Mahwah, NJ: Lawrence Erlbaum Associates.

[185] Reichheld F. F. & Sasser E. W. J. (1990). Zero defection: Quality comes to service. *Harvard Business Review*, 68 (5).

[186] Reisinger Y. & Turner L. W. (2003) . *Cross-cultural behaviour in tourism: Concepts and analysis*. Oxford: Butterworth–Heinemann.

[187] Rust R. T. & Zahorik A. J. (1993) . Customer satisfaction, customer retention, and market share. *Journal of Retailing*, 69 (2) .

[188] Rust R. T., Zahorik A. J. & Keiningham T. L. (1995) . Return on quality : Making service quality financially accountable. *Journal of Marketing*, 59 (2) .

[189] Ruyter K. D., Lemmink J., Wetzels M. & Mattson J. (1997) . Carry–over effects in the formation of satisfaction: The role of value in a hotel service delivery process. *Advances in Services Marketing Research & Practice*, (7) .

[190] Ryu K., Han H. & Kim T. H. (2008) . The relationships among overall quick–casual restaurant image, perceived value, customer satisfaction, and behavioral intentions. *International Journal of Hospitality Management*, 27 (3) .

[191] Saleh F. & Ryan C. (1992) . Client perceptions of hotels : A multi–attribute approach. *Tourism Management*, 13 (2) .

[192] Sánchez J., Callarisa L., Rodríguez R. M. & Moliner M. A. (2006) . Perceived value of the purchase of a tourism product. *Tourism Management*, 27 (3) .

[193] Schmitt B. H. & Martínez M. (1999) . Experiential marketing. *Journal of Marketing Management*, 15 (1–3) .

[194] Schneider P. A. (2004) . The future of competition: Co - creating unique value with customers. *Journal of Competitiveness Studies*, 12 (5) .

[195] Schreiber J. B. (2008) . Core reporting practices in structural equation modeling. *Research in Social Administrative Pharmacy*, 4 (2) .

[196] Sheth J. N., Newman B. I. & Gross B. L. (1991) . Why we buy what we buy: A theory of consumption values. *Journal of Business Research*, 22 (2) .

[197] Song H. J., Lee C. K., Park J. A., Hwang Y. H. & Reisinger Y. (2015) . The influence of tourist experience on perceived value and satisfaction with temple stays: The experience economy theory. *Journal of Travel & Tourism Marketing*, 32 (4) .

[198] Song H. K., Choi Y. J. & Lee C. K. (2011) . A study of festival visitors' loyalty based on experience economy: The case of Boryeong Mud Festival. *Korean Journal of Tourism Research*, 25 (6) .

[199] Stringer P. F. (1981) . Hosts and guests the bed–and–breakfast

phenomenon. *Annals of Tourism Research*, 8（3）.

[200] Susen S.（2015）. From Modern to Postmodern Methodology? The "Interpretive Turn" . In *The 'Postmodern Turn'in the Social Sciences*. London : Palgrave Macmillan.

[201] Swan J. E. & Oliver R. L.（1989）. Postpurchase communications by consumers. *Journal of Retailing*,（65）.

[202] Sweeney J. C. & Soutar G. N.（2001）. Consumer perceived value: The development of a multiple item scale. *Journal of Retailing*, 77（2）.

[203] Takatalo J., Nyman G. & Laaksonen L.（2008）. Components of human experience in virtual environments. *Computers in Human Behavior*, 24（1）.

[204] Tribe J. & Snaith T.（1998）. From SERVQUAL to HOLSAT: Holiday satisfaction in Varadero, Cuba. Tourism management, 19（1）.

[205] Tsaur S. H. ChiuY. T. & Wang C. H.（2007）. The visitors behavioral consequences of experiential marketing: An empirical study on Taipei Zoo. *Journal of Travel & Tourism Marketing*, 21（1）.

[206] Tse D. K. & Wilton P. C.（1988）. Models of consumer satisfaction formation: An extension. *Journal of Marketing Research*, 25（2）.

[207] Ulaga W. & Chacour S.（2001）. Measuring customer-perceived value in business markets : A prerequisite for marketing strategy development and implementation. *Industrial Marketing Management*, 30（6）.

[208] Urry J.（1995）. *Consuming places*. London and NewYork:Routledge.

[209] Vallen G. & Rande W.（1997）. Bed and breakfast in arizona-demographic and operating statistics. *Cornell Hotel & Restaurant Administration Quarterly*, 38（4）.

[210] Vargo S. L. & Lusch R. F.（2004）. Evolving to a new dominant logic for marketing. *Journal of Marketing*, 68（1）.

[211] Wakefield K. L. & Blodgett J. G.（1996）. The effect of the servicescape on customers' behavioral intentions in leisure service settings. *Journal of Services Marketing*, 10（6）.

[212] Warshaw P. R. & Davis F. D.（1985）. Disentangling behavioral intention and behavioral expectation. *Journal of Experimental Social Psychology*, 21（3）.

[213] Westbrook R. A.（1987）. Product/consumption-based affective responses and postpurchase processes. *Journal of Marketing Research*, 24（3）.

[214] Wight P. A. (1997) . Ecotourism accommodation spectrum: Does supply match the demand. *Tourism Management*, 18 (4) .

[215] Wilensky L. & Buttle F. (1988) . A multivariate analysis of hotel benefit bundles and choice trade–offs. *International Journal of Hospitality Management*, 7 (1) .

[216] Williams P. & Soutar G. N. (2000, November) . Dimensions of customer value and the tourism experience: An exploratory study. *In Australian and New Zealand Marketing Academy Conference*, (28) .

[217] Williams P. & Soutar G. N. (2009) . Value, satisfaction and behavioral intentions in an adventure tourism context. *Annals of Tourism Research*, 36 (3) .

[218] Woodruff R. B. (1997) . Customer value: The next source for competitive advantage. *Journal of the Academy of Marketing Science*, 25 (2) .

[219] Woodside A. G. & Lysonski S. (1989) . A general model of traveler destination choice. *Journal of Travel Research*, 27 (4) .

[220] Wu H. C., Li M.Y. & Li T. (2018) . A study of experiential quality, experiential value, experiential satisfaction, theme park image, and revisit intention. *Journal of Hospitality & Tourism Research*, 42 (1) .

[221] Wu S. I. & Lu C. L. (2012) . The relationship between crm, rm, and business performance: A study of the hotel industry in taiwan. *International Journal of Hospitality Management*, 31 (1) .

[222] Wundt W. & Judd, C. H. (1924) . Outline of psychology. *Journal of Neurology & Psychopathology*, 5 (18) .

[223] Yadav L. P. & O' Neill S. (2013) . Is there agreement between beneficiaries on who should bear the costs of conserving farm landscapes. *Tourism Management*, 39 (39) .

[224] Yan B. J., Zhang J., Zhang, H. L., Lu S. J. & GuoY. R. (2016) . Investigating the motivation – experience relationship in a dark tourism space: A case study of the Beichuan earthquake relics, China. *Tourism Management*, (53) .

[225] Yang F. X. (2017) . Effects of restaurant satisfaction and knowledge sharing motivation on eWOM intentions: The moderating role of technology acceptance factors. *Journal of Hospitality & Tourism Research*, 41 (1) .

[226] Ye Q., Law R., Gu B. & Chen W. (2011) . The influence of user–generated

content on traveler behavior: An empirical investigation on the effects of e-word-of-mouth to hotel online bookings. *Computers in Human Behavior*，(27).

[227] Yi X.，Fu X.，Yu L. & Liao J.(2018). Authenticity and loyalty at heritage sites: The moderation effect of postmodern authenticity. *Tourism Management*，67.

[228] YoonY. & Uysal M.(2005). An examination of the effects of motivation and satisfaction on destination loyalty: A structural model. *Tourism Management*, 26(1).

[229] YooshikY. & Uysal M.(2005). An examination of the effects of motivation and satisfaction on destination loyalty: A structural model. *Tourism Management*, 26(1).

[230] Yuksel A.(2001). Managing customer satisfaction and retention: A case of tourist destinations，Turkey. *Journal of Vacation Marketing*, 7(2).

[231] Zeithaml V. A.(1988). Consumer perceptions of price，quality，and value: A means-end model and synthesis of evidence. *Journal of Marketing*,52(3).

[232] Zeithaml V. A.，Berry L. L. & Parasuraman，A.(1996). The behavioral consequences of service quality. *Journal of Marketing*, 60(2).

中文参考文献

[1] 蔡瑞宇:《顾客行为学(第1版)》，台北:大洋出版社，1996年版。

[2] 蔡易霖:《民宿经营型态对服务质量、顾客满意度与忠诚度之影响研究——以花莲地区为例》，台南:台湾长荣大学硕士学位论文，2010年。

[3] 陈帘仔:《体验质量对情绪、价值、体验满意度、承诺及行为意图影响之研究——以台湾现代戏剧演出为例》，新北:台湾辅仁大学管理学研究所硕士学位论文，2004年。

[4] 陈玫君:《运用联合分析法建构绿色民宿最佳住宿属性组合之研究》，台中:台湾中兴大学园艺学系所硕士学位论文，2011年。

[5] 陈瑞龙和荣雄生:《大陆旅客来台自由行对国内民宿产业影响之探讨》,《国际文化研究》2015年第11卷第1期。

[6] 陈向明:《社会科学中的定性研究方法》,《中国社会科学》1996年第6期。

[7] 陈向明:《质的研究方法与社会科学研究》，北京:教育科学出版社，2017年版。

[8] 程兴火:《基于游客感知价值的森林生态旅游景区竞争优势研究》，杭州:浙江大学博士学位论文，2006年。

［9］单从文、余明阳、薛可：《品牌危机对消费者品牌体验价值的影响研究》，《管理现代化》2016 年第 4 期。

［10］邓南茜：《旅游地品牌个性与游客游后行为意向关系研究——基于自我一致性理论的视角》，杭州：浙江大学博士学位论文，2013 年。

［11］邓念梅、詹丽、黄进：《鄂西南民族地区民宿旅游发展现状、风险及对策探讨》，《资源开发与市场》2014 年第 30 卷第 7 期。

［12］范春春：《红色旅游动机、感知价值及行为意向关系研究》，长沙：湖南师范大学硕士学位论文，2014 年。

［13］范秀成、李建州：《顾客餐馆体验的实证研究》，《旅游学刊》2006 年第 21 卷第 3 期。

［14］高伟雯、陈金华、胡诗文、宋丽然：《基于游客感知的海岛民宿旅游安全管理实证研究》，《乐山师范学院学报》2015 年第 30 卷第 8 期。

［15］郭俊辉：《不同类别购物中心顾客体验影响效果对比》，《商业研究》2016 年第 10 期。

［16］胡永铨、刘厚安：《"互联网 +"环境下中国零售企业创新体系构建——基于顾客体验视角》，《企业经济》2015 年第 12 期。

［17］许秉翔、潘名芳：《民宿主人的经营动机如何影响主客关系——以台湾民宿协会会员为对象》，《乡村旅游研究》2009 年第 3 卷第 1 期。

［18］许宸、张毅玲：《黄山市特色民宿旅游发展研究》，《商场现代化》2016 年第 12 期。

［19］黄杰龙、张玲玲、范梦丹、陈贵松：《基于游客行为意图的民宿景观的组合评价与开发设计》，《福建农林大学学报（哲学社会科学版）》2015 年第 18 卷第 4 期。

［20］黄馨慧、张倩文、高崇伦、谢佩珊：北宜高速公路通车对礁溪乡住宿业发展之研究，《台湾地方乡镇观光产业发展与前瞻学术研讨会论文集》，2008 年。

［21］蒋廉雄、卢泰宏：《形象创造价值吗？——服务品牌形象对顾客价值—满意—忠诚关系的影响》，《管理世界》2006 年第 4 期。

［22］蒋婷：《体验视角下顾客间互动对再惠顾意愿的影响研究》，济南：山东大学博士学位论文，2012 年。

［23］李怀祖：《研究生教学用书：管理研究方法论（第 2 版）》，西安：西安交通大学出版社，2004 年版。

[24] 李建州、范秀成：《三维度服务体验实证研究》，《旅游科学》2006年第20卷第2期。

[25] 李江敏：《环城游憩体验价值与游客满意度及行为意向的关系研究》，武汉：中国地质大学博士学位论文，2011年。

[26] 李明龙：《我国家庭旅馆竞争环境分析与战略选择》，《旅游论坛》2008年第1卷第6期。

[27] 李幼瑶：《主题公园消费体验、体验价值和行为意向关系的研究》，杭州：浙江大学博士学位论文，2007年。

[28] 廖惠兰：《阳朔乡村家庭旅馆营销方式研究》，南宁：广西大学硕士学位论文，2006年。

[29] 林德荣、郭晓琳：《时空压缩与致敬传统：后现代旅游消费行为特征》，《旅游学刊》2014年第29卷第7期。

[30] 林舜涓：《服务知觉价值的重要——以花莲民宿游客为例》，嘉义：台湾南华大学硕士学位论文，2007年。

[31] 林怡君：《退休公务人员经营民宿的使用行为与空间之研究——以台湾东部地区为例》，桃园：台湾中原大学建筑研究所硕士学位论文，2007年。

[32] 林志钧：《台湾民宿顾客住宿动机、住宿体验与网络口碑之关系——以airbnb为例》，《育达科大学报》2016年第42期。

[33] 刘吉：《中西方休闲观念差异探究》，杭州：浙江大学硕士学位论文，2014年。

[34] 罗安琪、蒋佳倩、罗智凯：《恩施侗寨庠口村民宿服务质量研究》，《旅游纵览月刊》2014年第1期。

[35] 罗晓光、于立：《顾客满意与顾客购后行为的关系研究》，《管理世界》2007年第6期。

[36] 潘颖颖：《浙江民宿发展面临的困难及解析——基于西塘的民宿旅游》，《生产力研究》2013年第3期。

[37] 彭青、曾国军：《家庭旅馆成长路径研究：以世界文化遗产地丽江古城为例》，《旅游学刊》2010年第25卷第9期。

[38] 皮平凡、刘晓斌：《酒店顾客体验价值研究》，《江西财经大学学报》2009年第2期。

[39] 普片：《藏区民宿品牌体验对顾客行为意向的影响研究》，杭州：浙江大学硕士学位论文，2015年。

[40] 齐飞:《旅游消费者行为:后现代主义下的趋同与分化》,《旅游学刊》2014年第29卷第7期。

[41] 阮佩宜:《创业家精神对服务创新、顾客知觉价值、顾客满意度和再惠顾意图之影响——以民宿经营者为例》,中国台中:台湾中兴大学生物产业暨城乡资源管理学系所硕士学位论文,2013年。

[42] 苏雅琪:《应用层级分析法探讨台东县民宿遴选之研究》,中国高雄:台湾树德科技大学经营管理研究所,2016年。

[43] 汪纯孝、韩小芸、温碧燕:《顾客满意感与忠诚感关系的实证研究》,《中山大学学报(社会科学版)》2003年第6卷第2期。

[44] 王保进:《多变量分析:套装程序与资料分析》,北京:心理出版社,2004年版。

[45] 王刚:《青年旅舍内游客互动与体验价值及满意度的关系研究》,广州:暨南大学硕士学位论文,2015年。

[46] 王荣贵、廖本裕、施孟隆:《民宿经营者人格特质、领导能力、经营绩效之研究——以台东县为例》,《农业经营管理年刊》2010年第16期。

[47] 王显成:《我国乡村旅游中民宿发展状况与对策研究》,《乐山师范学院学报》2009年第24卷第6期。

[48] 王小娟、罗汉文:《顾客服务体验对顾客满意度的影响分析》,《科技信息:科学教研》2008年第24期。

[49] 王新新、潘洪涛:《社会网络环境下的体验价值共创:消费体验研究最新动态》,《外国经济与管理》2011年第33卷第5期。

[50] 温韬:《顾客体验理论的进展、比较及展望》,《四川大学学报(哲学社会科学版)》2007年第2期。

[51] 吴明隆:《Spss统计应用实务》,北京:中国铁道出版社,2000年版。

[52] 吴明隆、涂金堂:《SPSS与统计应用分析》,中国台北:五南图书出版股份有限公司,2014年版。

[53] 吴汝钧:《胡塞尔现象学解析》,中国台北:台湾商务印书馆,2001年版。

[54] 吴重庆:《生命情调的变奏——柏格森生命哲学在现代中国的流变》,《福建论坛(人文社会科学版)》1993年第2卷第4期。

[55] 向坚持:《O2O模式体验价值与顾客满意度、行为意向关系研究与实证分析——以酒店业为例》,《湖南师范大学社会科学学报》2017年第46卷

第 4 期。

［56］谢礼珊、李健仪：《导游服务质量、游客信任感与游客行为意向关系研究》，《旅游科学》2007 年第 21 卷第 4 期。

［57］谢彦君：《旅游体验研究——一种现象学的视角》，天津：南开大学出版社，2005 年版。

［58］谢彦君、屈册：《平遥古城旅游情境感知及其对旅游体验质量的影响研究》，《旅游论坛》2014 年第 4 期。

［59］徐立红：《酒店 O2O 模式中体验价值、顾客满意度与行为意向关系研究》，长沙：湖南师范大学硕士学位论文，2016 年。

［60］徐伟、景奉杰：《经济型酒店顾客价值与顾客满意行为意向的关系研究》，《河北经贸大学学报》2008 年第 29 卷第 4 期。

［61］杨阿莉：《沙发旅行消费中的中西文化碰撞与融合：基于后现代视角的分析》，《旅游学刊》2014 年第 29 卷第 7 期。

［62］杨岑：《顾客参与、顾客体验与品牌认同的关系研究》，杭州：浙江大学硕士学位论文，2011 年。

［63］杨燕枝、周峰莎：《旅馆民宿业的负面网络口碑与服务失误分析》，《Electronic Commerce Studies》2014 年第 12 卷第 4 期。

［64］姚太平：《主题公园游客体验价值与满意度实证研究》，西安：西南交通大学博士学位论文，2011 年。

［65］俞利芳：《湖州乡村旅游发展的转型和升级研究——基于休闲度假的民宿旅游》，《科技和产业》2010 年第 10 卷第 11 期。

［66］张德兴：《伽达默尔的解释学美学述评》，广州：暨南大学硕士学位论文，1987 年。

［67］张凤超、尤树洋：《体验价值结构维度模型的比较研究》，《消费经济》2009 年第 4 期。

［68］张竞予：《家庭旅馆博客营销特征对顾客品牌态度的影响研究》，杭州：浙江大学硕士学位论文，2008 年。

［69］张圣亮、高欢：《服务补救方式对消费者情绪和行为意向的影响》，《南开管理评论》2011 年第 14 卷第 2 期。

［70］张圣亮、张文光：《服务补救程度对消费者情绪和行为意向的影响》，《北京理工大学学报（社会科学版）》2009 年第 11 卷第 6 期。

［71］张伟豪、郑时宜：《与结构方程模型共舞：曙光初现》，新北：台湾前

程文化出版社，2012 年版。

［72］张忠平：《台湾民宿产业经营成功关键因素之研究——以南台湾合法民宿探讨未经营趋势》，《远东通识学报》2010 年第 4 卷第 2 期。

［73］赵晓煜、曹忠鹏：《享乐型服务的场景要素与顾客行为意向的关系研究》，《管理科学》2010 年第 23 卷第 4 期。

［74］郑健雄：《民宿经营之道》，《农业经营管理会讯》2001 年第 27 期。

［75］郑健雄：《后现代旅游产品新风貌》，《旅游学刊》2014 年第 29 卷第 8 期。

［76］郑诗华：《民宿制度之研究》，台湾省交通处旅游事业管理局，1998 年版。

［77］郑雪霏：《民宿的开发与管理——以增城万家旅舍为例》，《商》2015 年第 13 期。

［78］周芳：《餐饮连锁业顾客体验价值影响因素实证研究》，长沙：湖南大学硕士学位论文，2009 年。

［79］周名哲：《网络购物顾客参与、体验价值和行为意向的研究》，北京：北京工商大学硕士学位论文，2014 年。

［80］周琼：《台湾民宿发展态势及其借鉴》，《台湾农业探索》2014 年第 126 卷第 1 期。

［81］庄竣安、林士杰、吴宗优：《民宿口碑传播之研究：互动质量、服务质量、满意度之关系》，《餐旅即观光》2012 年第 9 卷第 3 期。

附录一　初始问卷

编号：

体验经济视角下民宿客感知价值、满意度及其行为意向的作用机理研究调查问卷

尊敬的女士 / 先生：

您好，非常感谢您抽出宝贵时间填写本份问卷。

本份问卷是为了调查体验视角下民宿客感知、满意度和行为意向的关系，为您提供更优质的服务而设计的。请您根据在此民宿的实际体验，在相应的选项上打“√”。在此，我们郑重向您保证对于您提供的全部资料将按照《中华人民共和国统计法》给予保密。您提供的资料仅用于学术研究，绝不作他用或对外泄露，请您安心填写。

对于您的支持和合作，我们再次表示衷心的感谢！

2018 年 7 月

第一部分　问卷主体

问项	非常不同意 –3 分	不同意 –2 分	有点 不同意 –1 分	一般 0 分	有点 同意 1 分	同意 2 分	非常同意 3 分
这次体验使我知识更丰富							
这次体验让我学到很多知识							

续表

问项	非常不同意 -3 分	不同意 -2 分	有点 不同意 -1 分	一般 0 分	有点 同意 1 分	同意 2 分	非常同意 3 分
体验激发我探索新知识的欲望							
这是一次真正学习的体验							
我真切感到民宿的和谐之美							
在这家民宿我待得很开心							
这家民宿的环境非常普通							
这家民宿的环境设计很注意细节							
这家民宿他人行为激发了我的观看欲望							
我完全沉浸在他人的表演当中							
我很享受观看他人所做的一切事情							
这家民宿的他人行为给我带来快乐							
在这家民宿我判若两人							
我很喜欢在不同的时间和地方生活							
在这家民宿的体验使我遐想别人的生活状态							
在这里我有种与世隔绝的感觉							
这家民宿质量始终如一							
与其他住宿产品相比这家民宿有较高的性价比							
这个结果是我期望的							
这家民宿组织严密							
在这家民宿住得很愉快							
在这家民宿住得很爽							
在这里住宿使我兴奋							
我很享受在这家民宿待的过程							
我认识的很多人入住过这家民宿							
入住这家民宿有一定的水平							

续表

问项	非常不同意 -3分	不同意 -2分	有点 不同意 -1分	一般 0分	有点 同意 1分	同意 2分	非常同意 3分
朋友很羡慕我入住这家民宿							
使用这家民宿的服务改善了其他人对我的看法							
这家民宿超过了我的预期							
对这家民宿的一切我很满意							
选择入住这家民宿是明智之举							
对这家民宿我有一种美妙的感觉							
我会主动向别人介绍这家民宿							
我会发布这家民宿的信息在媒体上							
与其他民宿相比，这家民宿是我入住的首选							

第二部分　个人信息

1. 您的性别

□ A. 男　　□ B. 女

2. 您的年龄

□ A. 18 岁以下　　□ B. 18~24 岁　　□ C. 25~30 岁

□ D. 31~44 岁　　□ E. 45~59 岁　　□ F. 60 岁以上

3. 您来自

□ A. 本地　　□ B. 省内

□ C. 中国其他地区（除本省）

□ D. 中国港澳台地区　　□ E. 国外

4. 您的职业

□ A. 机关及事业单位员工　　□ B. 企业职工

□ C. 个体经营者　　□ D. 学生

☐ E. 自由职业者　☐ F. 离退休人员
☐ G. 其他
5. 您的受教育程度
☐ A. 高中（或中专）及以下　☐ B. 大专
☐ C. 本科　☐ D. 硕士及以上
6. 您的可支配月收入
☐ A. 1000 元以下　☐ B.1001~2499 元　☐ C.2500~3999 元
☐ D. 4000~6999 元　☐ E.7000 元以上
7. 您这次来是
☐ A. 一个人　☐ B. 陪家人
☐ C. 陪朋友　☐ D. 与同事
☐ E. 其他
8. 您选择住宿的信息来源
☐ A. 旅行社　☐ B. 亲戚朋友介绍
☐ C. 网络及其他媒体　☐ D. 当地导游介绍
☐ E. 现场自行寻找　☐ F. 其他

非常感谢您的配合，祝您有愉快的体验！

附录二　正式问卷

编号：

体验经济视角下民宿客感知价值、满意度及其行为意向的作用机理研究调查问卷

尊敬的女士 / 先生：

您好，非常感谢您抽出宝贵时间填写本份问卷。

本份问卷是为了调查体验视角下民宿客感知、满意度和行为意向的关系，为您提供更优质的服务而设计的。请您根据在此民宿的实际体验，在相应的选项上打“√”。在此，我们郑重向您保证对于您提供的全部资料将按照《中华人民共和国统计法》给予保密。您提供的资料仅用于学术研究，绝不作它用或对外泄露，请您安心填写。

对于您的支持和合作，我们再次表示衷心的感谢！

对于填写后本问卷涉及到的任何问题可以通过电邮联系本人：ymzhao-311@163.com。

2018年9月

第一部分　问卷主体

问项	非常不同意 -3分	不同意 -2分	有点不同意 -1分	一般 0分	有点同意 1分	同意 2分	非常同意 3分
这次住宿体验丰富了我的知识							

续表

问项	非常不同意-3分	不同意-2分	有点不同意-1分	一般0分	有点同意1分	同意2分	非常同意3分
这次住宿体验使我学到了很多							
这次住宿刺激了我学新事物的好奇心							
这是一次真正的学习经历							
我感受到这家民宿的真正的和谐之美							
我在这家民宿住得很愉快							
这家民宿的环境很吸引人							
这家民宿的情景营造很注重细节							
民宿内其他人的活动令人感觉乐趣无穷							
民宿内其他人的表演令人陶醉							
我非常喜欢看其他人正在做的事情							
民宿内其他人的活动带给我享受							
我觉得我在这里扮演了一个与以往不一样的角色							
我像活在另一个时空中							
在此住宿我感觉像换了个人							
在这使我完全逃离了现实							
该民宿所用产品质量稳定							
该民宿服务、产品都很棒							
认可该民宿的产品质量有讲究							
该民宿组织管理科学有序							
在此住宿有种幸福的感觉							
在此住宿令人激动不已							
在此住宿很令我欢欣鼓舞							
在此住宿有种愉悦感							
入住这家民宿获得了别人的认可							

续表

问项	非常不同意 -3 分	不同意 -2 分	有点不同意 -1 分	一般 0 分	有点同意 1 分	同意 2 分	非常同意 3 分
入住这家民宿的人有一定水平							
朋友很羡慕我入住这家民宿							
入住这家民宿给别人留下深刻印象							
这家民宿超过了我的预期							
对我做出入住这家民宿的决定很满意							
入住这家民宿是我明智的选择							
这家民宿给我一种美妙的感觉							
我会将这次民宿体验推荐给其他人							
我会在社交媒体上发布该民宿的正面信息							
下一次还会选择入住这家民宿							

第二部分　个人信息

1. 您的性别

□ A. 男　　□ B. 女

2. 您的年龄

□ A.18 岁以下　　□ B.18~24 岁　　□ C.25~30 岁

□ D.31~44 岁　　□ E.45~59 岁　　□ F.60 岁以上

3. 您来自

□ A. 本地　　□ B. 省内　　□ C. 中国其他地区（除本省）

□ D. 港澳台地区　　□ E. 国外

4. 您的职业

□ A. 机关及事业单位员工　　□ B. 企业职工

□ C. 个体经营者　　□ D. 学生

□ E. 自由职业者　　□ F. 离退休人员
□ G. 其他

5. 您的受教育程度
□ A. 高中（或中专）及以下　　□ B. 大专
□ C. 本科　　□ D. 硕士及以上

6. 您的可支配月收入
□ A.1000 元以下　□ B.1001~2499 元　□ C.2500~3999 元
□ D.4000~6999 元　□ E.7000 元以上

7. 您这次来是
□ A. 一个人　□ B. 陪家人　□ C. 陪朋友
□ D. 与同事　□ E. 其他

8. 您选择住宿的信息来源
□ A. 旅行社　□ B. 亲戚朋友介绍　□ C. 网络及其他媒体
□ D. 当地导游介绍　□ E. 现场自行寻找　□ F. 其他

非常感谢您的配合，祝您有愉快的体验！

附录三　中国旅游民宿基本要求与评价[①]

1　范围

本标准规定了旅游民宿的定义、评价原则、基本要求、管理规范和等级划分条件。本标准适用于正式营业的小型旅游住宿设施，包括但不限于客栈、庄园、宅院、驿站、山庄等。

2　规范性引用文件

下列文件对于本文件的应用是必不可少的。凡是注日期的引用文件，仅注日期的版本适用于本文件。凡是不注日期的引用文件，其最新版本（包括所有的修改单）适用于本文件。

GB 2894 安全标志及其使用导则

GB 5749 生活饮用水卫生标准

GB 8978 污水综合排放标准

GB 9663 旅店业卫生标准

GB 14881 食品安全国家标准　食品生产通用卫生规范

GB 14934 食（饮）具消毒卫生标准

GB 16153 饭馆（餐厅）卫生标准

GB 18483 饮食业油烟排放标准（试行）

GB/T 17217 城市公共厕所卫生标准

GB/T 19095 生活垃圾分类标志

GB/T 22800 星级旅游饭店用纺织品

JGJ 125 危险房屋鉴定标准

CJJ/T102 城市生活垃圾分类及其评价标准

---

① 原国家旅游局于 2018 年 8 月 15 日发布。

3 术语和定义

3.1 旅游民宿 homestay inn

利用当地闲置资源，民宿主人参与接待，为游客提供体验当地自然、文化与生产生活方式的小型住宿设施。

注：根据所处地域的不同可分为：城镇民宿和乡村民宿。

3.2

民宿主人 owner; investor

民宿业主或经营管理者。

4 评价原则

4.1 传递生活美学。

4.1.1 民宿主人热爱生活，乐于分享。

4.1.2 通过建筑和装饰为宾客营造生活美学空间。

4.1.3 通过服务和活动让宾客感受到中华民族传统待客之道。

4.2 追求产品创新。

4.2.1 产品设计追求创新，形成特色，满足特定市场需求。

4.2.2 产品运营运用新技术、新渠道，形成良性发展。

4.3 弘扬地方文化。

4.3.1 设计运营因地制宜，传承保护地域文化。

4.3.2 宣传推广形式多样，传播优秀地方文化。

4.4 引导绿色环保。

4.4.1 建设运营坚持绿色设计、清洁生产。

4.4.2 宣传营销倡导绿色消费。

4.5 实现共生共赢。

4.5.1 民宿主人和当地居民形成良好的邻里关系。

4.5.2 经营活动促进地方经济、社会、文化的发展。

5 基本要求

5.1 旅游民宿经营场地应符合本辖区内的土地利用总体规划、城乡建设规划、所在地旅游民宿发展有关规划，无地质灾害和其他影响公共安全的隐患。

5.2 经营的建筑物应通过 JGJ 125 房屋安全性鉴定。

5.3　经营场地应征得当地政府及相关部门的同意。

5.4　经营应依法取得当地政府要求的相关证照，满足公安机关治安消防相关要求。

5.5　生活用水（包括自备水源和二次供水）应符合 GB 5749 要求。

5.6　食品来源、加工、销售应符合 GB 14881 要求。

5.7　卫生条件应符合 GB 16153、GB 14934、GB 9663、GB/T 17217 要求。

5.8　旅游民宿建设、运营应因地制宜，采取节能环保措施，废弃物排放符合 GB 8978、GB 18483、CJJ/T 102 要求。

5.9　开业以来或近三年未发生重大以上的安全责任事故。

5.10　从业人员应经过卫生培训和健康检查，持证上岗。

5.11　服务项目应通过适当方式以文字、图形方式公示，并标明营业时间。收费项目应明码标价，诚信经营。

5.12　经营者应定期向旅游主管部门报送统计调查资料，及时向相关部门上报突发事件等信息。

6　安全管理

6.1　应建立健全各类相关安全管理制度，落实安全责任。对从业人员进行定期培训。

6.2　易发生危险的区域和设施应设置安全警示标志，安全标志应符合 GB 2894 要求；易燃、易爆物品的储存和管理应采取必要的防护措施，符合相关法规。

6.3　应配备必要的安全设施，确保宾客和从业人员人身和财产安全。

6.4　应有突发事件应急预案，并定期演练。

6.5　应自觉遵守当地习俗。

7　环境和设施

7.1　环境应保持整洁，绿植养护得当。

7.2　主体建筑应与环境协调美观，景观有地域特色。

7.3　单幢建筑客房数量应不超过 14 间（套）。

7.4　建筑和装修宜体现地方特色与文化。

7.5　主、客区宜相对独立，功能划分合理，空间效果良好。

7.6　应提供整洁卫生、安全舒适的住宿设施 。

7.7　宜提供整洁卫生、安全舒适的餐饮设施。

7.8　宜提供宾客休闲、交流的公共区域，布局合理。

7.9　设施设备完好有效，应定期检查并有维保记录。

7.10　应有适应所在地区气候的采暖、制冷设备，各区域通风良好。

7.11　公共卫生间应位置合理，方便使用。

7.12　应配备必要的消毒设施设备。

7.13　应配备应急照明设备或用品。

7.14　宜提供无线网络，方便使用。

8　卫生和服务

8.1　旅游民宿应整洁卫生，空气清新，无潮霉、无异味。

8.2　客房床单、被套、枕套、毛巾等应做到每客必换，并能应宾客要求提供相应服务。公用物品应一客一消毒。

8.3　客房卫生间应有防潮通风措施，每天全面清理一次，无异味、无积水、无污渍，公用物品应一客一消毒。

8.4　应有防鼠、防虫措施。

8.5　民宿主人应参与接待，邻里关系融洽。

8.6　接待人员应热情好客，穿着整齐清洁，礼仪礼节得当。

8.7　接待人员应熟悉当地旅游资源，可用普通话提供服务。

8.8　接待人员应熟悉当地特产，可为宾客做推荐。

8.9　接待人员应掌握相应的业务知识和服务技能，并熟练应用。

8.10　晚间应有值班人员或电话。

8.11　接待人员应遵守承诺，保护隐私，尊重宾客的宗教信仰与风俗习惯，保护宾客的合法权益。

9　等级

旅游民宿分为二个等级，金宿级、银宿级。金宿级为高等级，银宿级为普通等级。等级越高表示接待设施与服务品质越高。

10　等级划分条件

10.1　金宿级。

10.1.1　环境与建筑。

10.1.1.1　周围应有优质的自然生态环境，或有多处体验方便、特色鲜明的地方风物。

10.1.1.2　建筑和装修宜特色鲜明，风格突出、内外协调。

10.1.1.3　宜在附近设置交通工具停放场地，方便抵达。不影响周边居民生活。

10.1.2　设施和服务。

10.1.2.1　客房装饰应专业设计，体现当地特色，符合基本服务要求，整体效果好。

10.1.2.2　客房宜使用高品质床垫、布草、毛巾和客用品，布草应符合GB/T 22800 标准规定，可提供二种以上规格枕头，整体感觉舒适。

10.1.2.3　客房宜有较好的照明、遮光效果和隔音措施。电源插座等配套设施应位置合理，方便使用。

10.1.2.4　客房卫生间宜装修高档，干湿分离，有防滑防溅措施，24h 供应冷热水。

10.1.2.5　公共空间宜专业设计，风格协调，整体效果良好。

10.1.2.6　民宿主人应提供自然、温馨的服务，能给宾客留下深刻印象。

10.1.2.7　宜组织多种宾客乐于参与的活动。

10.1.2.8　宜提供早餐服务。

10.1.2.9　宜提供特色餐饮服务。

10.1.2.10　宜设置导引标识或提供接送服务，方便宾客抵离。

10.1.2.11　宜建立相关规章制度，定期开展员工培训。

10.1.2.12　宜建立水电气管理制度，有设施设备维保记录。

10.1.2.13　宜开展和建立消防演习和安全巡查制度，有记录。

10.1.3　特色和其他。

10.1.3.1　设计、运营和服务宜体现地方特色和文化。

10.1.3.2　应有宾客评价较高的特色产品或服务。

10.1.3.3　应有较高的市场认可度。

10.1.3.4　宜积极参与当地政府和社区组织的集体活动。

10.1.3.5　宜提供线上预定、支付服务，利用互联网技术宣传、营销。

10.1.3.6　经营活动应有助于地方经济、社会、文化的发展。

10.1.3.7　宜注重品牌建设，并注册推广。

10.2　银宿级。

10.2.1　环境与建筑。

10.2.1.1　周围应有较好的自然生态环境，或有多处方便体验的地方风物。

10.2.1.2　建筑和装修宜内外协调、工艺良好。

10.2.1.3　宜设置交通工具停放场地，且不影响周边居民生活。

10.2.2　设施与服务。

10.2.2.1　客房装饰应体现当地文化，整体效果较好。

10.2.2.2　客房宜提供较为舒适的床垫、布草、毛巾和客用品，布草应符合 GB/T 22800 标准规定，可提供二种以上规格枕头。

10.2.2.3　客房宜有窗帘和隔音措施，照明效果较好，电源插座等配套设施宜位置合理，方便使用。

10.2.2.4　客房卫生间应有淋浴设施，并有防滑防溅措施，宜使用品牌卫浴。

10.2.2.5　民宿主人应提供自然、温馨的服务。

10.2.2.6　宜组织宾客乐于参与的活动。

10.2.2.7　宜提供早餐和特色餐饮服务，或附近有餐饮点。

10.2.3　特色与其他。

10.2.3.1　可为宾客合理需求提供相应服务。

10.2.3.2　宜利用互联网技术宣传、营销。